Podemos
dizer
adeus
mais
de
uma
vez

DAVID SERVAN-SCHREIBER

com a colaboração de Ursula Gauthier

Podemos dizer adeus mais de uma vez

Tradução
Ivone Benedetti

Copyright © Éditions Robert Lafont, S.A., Paris, 2011

Todos os direitos desta edição reservados à
EDITORA OBJETIVA LTDA.
Rua Cosme Velho, 103
Rio de Janeiro – RJ – CEP: 22241-090
Tel.: (21) 2199-7824 – Fax: (21) 2199-7825
www.objetiva.com.br

Título original
On peut se dire au revoir plusieurs fois

Capa
Tecnopop

Revisão
Tamara Sender
Ana Grillo
Ana Julia Cury

Editoração eletrônica
Abreu's System Ltda.

CIP-BRASIL. CATALOGAÇÃO-NA-FONTE
SINDICATO NACIONAL DOS EDITORES DE LIVROS, RJ

S513a
     Servan-Schreiber, David
        Podemos dizer adeus mais de uma vez / David Servan-
-Schreiber com a colaboração de Ursula Gauthier ; tradução
Ivone Benedetti. - Rio de Janeiro : Objetiva, 2011.

        Tradução de: *On peut se dire au revoir plusieurs fois*
        137p.   ISBN 978-85-390-0293-1

        1. Cancêr - Narrativas pessoais. I. Título.

11-5336.   CDD: 616.994
                                CDU: 616-006

Este livro é dedicado aos oncologistas que generosamente puseram à minha disposição tempo, ciência e apoio desde que descobri, por acaso, há 19 anos, que sofria de câncer.

Também é dedicado a todos os meus pacientes que atravessaram provações semelhantes. Eles me mostraram o caminho da força interior, da coragem e da determinação.

Dedico-o, por fim, a meus três filhos, Sacha (16 anos), Charlie (2 anos) e Anna (6 meses). Ficarei muitíssimo triste de não poder acompanhá-los na descoberta da vida. Espero ter contribuído para sua vontade de viver. Mantenho a esperança de que eles saberão cultivá-la no coração e fazê-la brotar diante dos desafios da vida.

Maio de 2011

Sumário

PRIMEIRA PARTE

O teste da bicicleta	11
Canseira	15
The Big One	19
Em Colônia: de cama	23
O clube dos vivos	27
Volta ao aquário	31
O vampiro de Lovaina	35
Balde de água fria	39
Cinquenta anos: o elefante, o crânio e o vento	43

SEGUNDA PARTE

"Tudo aquilo pra isso?"	49
O que resta de *Anticâncer*?	53
Calma interior	57
Ordem de prioridades	61
Conseguir realizar a travessia	65
No vale das sombras	69
Não me arrependo de nada	73

Aprendizado da coragem	77
Companheiros de luta	83
Receita: rir e meditar	87
Cultivar a gratidão	91
Momentos preciosos	95
A tentação de Lourdes	99
Como abordar o tabu	103
Testamento gratificante	107
O sopro de Emily	109
Luz branca	113
Do amor	117
Interações vitais	123
A carícia do vento	131
Epílogo	135

Primeira parte

O teste da bicicleta

Naquele dia, ao sair do centro de radiologia, voltei para casa de bicicleta. Sempre adorei andar de bicicleta em Paris e lembro-me daquele trajeto como de um momento especial. Evidentemente, depois da notícia que eu acabara de ouvir, teria sido mais ajuizado voltar de táxi, pois as irregularidades no calçamento não eram muito indicadas na minha situação. Mas, justamente depois da notícia que acabara de ouvir, eu precisava de ar.

Foi no dia 16 de junho do ano passado. Eu havia feito uma ressonância magnética, e o resultado não era dos melhores. As imagens mostravam uma esfera gigantesca, totalmente vascularizada, no meu lobo frontal direito, que preenchia a cavidade aberta pelas duas operações a que me submetera muitos anos antes. Meu oncologista hesitava. Não achava que se tratasse de uma recidiva do tumor. Tendia a acreditar que fosse um edema impressionante, formado tardiamente em reação a uma radioterapia anterior. Mas não estava seguro. Precisávamos esperar o parecer de um radiologista, que só voltaria vários dias depois.

Tumor ou edema, aquela coisa que crescia no meu lobo frontal direito em todo caso ameaçava diretamente a minha vida. Tanto em decorrência do seu volume quanto da compressão que produzia na minha caixa craniana, teria bastado

O teste da bicicleta

uma pequena variação da pressão interna — em consequência de um abalo, de um choque — para que eu perdesse a vida ou ficasse inválido. E pensar que eu acabara de chegar de uma viagem-relâmpago de três dias aos Estados Unidos, com aquela granada pronta para explodir dentro do meu crânio. Qualquer turbulência poderia ter marcado o meu fim.

Ao deixar o centro de radiologia, liguei para minha mulher. Disse-lhe: "A coisa não está boa", e caí no choro. Eu a ouvi soluçar do outro lado da linha. Estava arrasado. Impossível, com aquele peso no coração, atravessar a cidade fechado dentro de um carro. Portanto, montei na bicicleta perfeitamente consciente do risco que me dispunha a correr.

Quando conto esse episódio a amigos, eles me olham com um ar de incompreensão total. Sabem que não estou desesperado nem desanimado. Por que então me expor àquele risco insensato? Por um instante eu tinha cedido a uma pulsão suicida? Ou à ideia "romântica" de morte súbita nas ruas de Paris? Tivera a tentação de acabar de uma vez por todas com os meses de dor e ansiedade que me esperavam?

Em geral, respondo a essas perguntas com uma piadinha: "Afinal eu não ia deixar a minha bicicleta lá! Gosto muito dela. É meu Tornado. Será que alguém pode imaginar Zorro abandonando sua fiel montaria em qualquer lugar?" A verdade é que, apesar do que o meu oncologista dissera e apesar da vontade que eu tinha de acreditar nele, temia o pior. Eu estava acuado.

De repente senti necessidade de "testar" minha coragem. De ver se, diante daquela batalha decisiva, eu conseguiria mobilizar tanta força quanto nas duas operações anteriores. Com vinte anos a mais e um tumor na cabeça — se é que realmente

Podemos dizer adeus mais de uma vez

era um tumor —, dessa vez bem mais volumoso, eu precisaria de toda a valentia e sangue-frio possíveis.

Por mais insensato e desajuizado que possa parecer, o "teste da bicicleta" cumpriu sua função: senti que meu prazer de viver estava intacto e, com ele, minha determinação. Percebi que não ia desistir tão fácil.

Canseira

Alguns sinais preocupantes tinham começado a manifestar-se em maio, cerca de um mês e meio antes da ressonância magnética. Durante algumas semanas eu percebera que minhas pernas não estavam firmes, como se de repente perdessem a força. Lembro-me exatamente do momento em que, de pé no meu escritório, procurando um livro na estante, me vi subitamente de joelhos no chão. Paf! Sem nenhum sinal prévio.

Alguns dias depois, recebi uma jornalista da rede M6 que queria me entrevistar a propósito de Bernard Giraudeau.[*] Ele passava muito mal, e foi ela que me deu essa informação. Eu estava profundamente abalado enquanto respondia às suas perguntas. No fim da entrevista, levantei-me para acompanhá-la até a porta. No momento em que fui me despedir dela, desabei no chão, carregando-a na minha queda. A máquina fotográfica tombou em cima de mim, a mesinha de centro virou com tudo o que havia em cima, chá, xícaras... Ela começou a gritar: "Ajuda, ajuda!", atraindo para ali todo o escritório, enquanto eu estava caído no chão. Foi bem constrangedor. A jornalista não fazia questão de esconder o pânico. Eu a

---

[*] Bernard Giraudeau, ator e escritor francês que faleceu em 2010, vítima de um câncer. (N. da T.)

Canseira

imaginava pensando: "Meu Deus! Dois Bernard Giraudeau de uma vez só!" Tentei tranquilizá-la. "Acabo de voltar dos Estados Unidos, ainda não entrei no fuso horário. Além disso, ando com tontura há alguns dias. Mas não se preocupe, eu vou cuidar disso", garanti.

Aqueles sintomas na verdade não correspondiam a um problema neurológico nem a um retorno do tumor. Nenhuma luz vermelha alertava para um câncer. Minha última tomografia, em janeiro, tinha sido perfeita. A próxima estava prevista para julho. Depois de pensar em diferentes causas, acabei achando que minha fraqueza era decorrente de alguma anemia. De fato, eu tinha tomado muito ibuprofeno para tratar de uma dor nas costas e achava que aquelas doses tinham provocado alguma úlcera no tubo digestivo que estivesse sangrando e provocando anemia e vertigens. Prometi a mim mesmo que faria um check-up o mais cedo possível.

Naquela época eu vivia para cima e para baixo por causa da publicação do meu livro *Anticâncer*. Dava conferências, participava de programas de rádio ou de tevê, especialmente nos Estados Unidos, onde o livro tinha sido recebido com muito interesse. Atribuía meu cansaço àqueles voos sucessivos, ao fuso horário, ao estresse de falar em público.

Pouco depois de minha entrevista à M6, embora não me sentisse perfeitamente bem, precisei fazer uma visita-relâmpago a Detroit para participar de um importante programa de televisão num canal de alcance nacional. Quando cheguei ao estúdio, estava pálido. Disse à maquiadora: "A senhora vai precisar me transformar." Ela me respondeu: "Não se preocupe, o senhor vai ficar com uma saúde infernal." Durante as duas horas que se seguiram diante das câmeras, forcei demais a barra: sorri, fiz cara de quem estava felicíssimo por se encontrar

Podemos dizer adeus mais de uma vez

ali e de fato foi uma coisa infernal. Depois disso, quase sem forças, voltei imediatamente para o hotel, querendo dormir, pois precisava pegar o avião de novo na manhã seguinte.

Acordar foi ainda mais complicado, pois sentia uma dor de cabeça lancinante. Tive enorme dificuldade para me levantar e engolir o café da manhã. No caminho para o aeroporto, precisei parar numa farmácia para comprar paracetamol. Procurando nas prateleiras, desmoronei com estardalhaço em cima de uma delas, espalhando todo o seu conteúdo pelo chão. Fui ajudado a ficar em pé, e as pessoas insistiam em me levar para o hospital. Eu não queria perder o voo de volta e entrei no táxi.

Mas não podia negar que alguma coisa não ia muito bem. Do táxi liguei para um amigo em Paris, pedindo-lhe que agendasse com urgência uma ressonância magnética. Também falei com minha mãe e pedi a ela que fosse se encontrar comigo em Roissy. Sentia minhas pernas tão cambaleantes, que temia não conseguir voltar sozinho para casa. Aliás, caí várias vezes no aeroporto de Detroit.

The Big One[*]

Fiz a ressonância magnética no dia seguinte ao retorno da viagem. Quando entendi com o que se parecia aquele volume que crescera no meu cérebro no período de quatro meses, decidi, em sã consciência e contrariando meus hábitos, não ver as imagens da tomografia. Preferi não ficar com "imagens negativas" na cabeça, ainda que meu oncologista excluísse a hipótese de um tumor. Naquele dia eu não as vi. Não se trata de uma reação supersticiosa. Acredito na sugestionabilidade da mente e na força das imagens. Estou convencido de que é melhor evitar olhar as imagens que nos causam medo excessivo, pois o medo, como diz tão bem a sabedoria popular, é mau conselheiro. Mais tarde, quando fiquei sabendo que aquele suposto edema era de fato um tumor maligno, procurei saber tudo sobre ele para poder me defender melhor. Mas fiz de tudo para não me deixar "dominar" por imagens tão impressionantes, que poderiam até destruir minha coragem, levando-me a pensar: "Nessa eu não vou me dar bem."

Havia nessa escolha um elemento de negação? Sem dúvida, um pouco. Mas alguns estudos mostraram que a negação em si nem sempre é uma defesa ruim, sobretudo diante de

---

[*] Em inglês no original. O termo é usado para descrever um eventual grande terremoto que ocorreria na região da Califórnia. (N. da T.)

The Big One

prognósticos ou estatísticas seriamente desfavoráveis. Na realidade, existem dois tipos de negação. O primeiro se refere às pessoas tão apavoradas pela doença, que preferem ficar cegas para ela, até com o risco de não se tratarem. Essa fuga é extremamente perigosa. A segunda é bem conhecida por todos aqueles que, ao contrário, cuidam de sua saúde e observam as prescrições do médico. Estes sabem muito bem que um estado mental otimista ajuda a viver — se não diretamente a curar. Toda a minha reflexão me leva a pensar que o que "ajuda a viver" ajuda de fato o poder de vida inerente a todo organismo vivo. Inversamente, tudo o que corrói a vontade de viver diminui nossa capacidade de cura.

Apesar de tudo, um edema seria mais tranquilizador. Evidentemente, uma vozinha interior me sussurrava: "É bom demais para ser verdade." Enquanto esperava o parecer do radiologista, decidi ir a Le Mans, onde precisaria falar diante de duzentos jornalistas que tinham ido assistir a um congresso internacional sobre o tema da luta contra o cansaço. Em vista do meu próprio estado de esgotamento, a situação não deixava de ser engraçada, mas eu não queria desistir no último minuto.

Na véspera de minha intervenção, no quarto de hotel, desmoronei quando ia ao banheiro e precisei me arrastar até a cama. De manhã, estava melhor. Ao sair do táxi, caí de novo. Outra dificuldade é que meus olhos estavam afetados por um estrabismo bastante visível. Por um momento pensei em fazer a conferência com óculos de sol. Por fim, preferi dar uma enganada, passeando o olhar pelo auditório de um lado para o outro durante toda a minha exposição. Ninguém pareceu notar que meus olhos pulavam para lá e para cá em todas as direções.

Podemos dizer adeus mais de uma vez

No dia seguinte, eu precisava ir a Colônia para um encontro de trabalho marcado fazia muito tempo. Como continuava cambaleante, meu irmão Émile fez questão de me acompanhar na viagem de trem. Ao sair da estação, minhas pernas fraquejaram outra vez. Émile insistia em me levar ao pronto-socorro. Eu me lembrei dos excelentes neurocirurgiões que conhecera alguns meses antes no hospital universitário de Colônia, durante um curso de três dias que eu dera sobre os temas presentes no meu livro *Anticâncer*. A maneira com que estavam abertos a novas ideias e suas abordagens de ponta tinham me impressionado muito. Chamamos uma neurocirurgiã com a qual eu tinha simpatizado. Quando lhe descrevi meu estado e o resultado da tomografia, sua reação não poderia ter sido mais clara. Ela me disse: "Pegue um táxi e venha imediatamente!" Isso não era exatamente tranquilizador, mas ao mesmo tempo eu senti que alguém me segurava com firmeza pela mão. Fizeram-me uma ressonância magnética de urgência. Daquela vez o diagnóstico era categórico: não era um edema, era uma recaída do tumor.

Era até "a" recaída. A grande, a maligna, a quase final. "The Big One", como dizem os californianos que temem um terremoto devastador. Eu tinha certeza de que algum dia iria acontecer. Mais cedo ou mais tarde ele voltaria. Conhecia os prognósticos do meu tipo de câncer. Eu podia retardar a data, podia ganhar alguns anos de trégua. Não podia fazer o tumor desaparecer para sempre. Pronto. O perigo que havia tanto tempo eu temia se materializara.

Para ser totalmente franco, uma parte de mim tinha começado a acreditar — na surdina — que ele não iria voltar. No entanto, a parte mais racional nunca tinha deixado de se

The Big One

dizer: "Vai voltar." E acrescentava: "Quando voltar, a gente administra."

Foi o que eu fiz. Tal como eu havia averiguado no "teste da bicicleta", quase imediatamente me pus em "modo de administração".

Em Colônia: de cama

O tumor era tão volumoso e comprimia tanto o meu cérebro, que os médicos de Colônia decretaram que eu precisava ser operado de imediato.

Na minha triste situação, eu até que estava com sorte. Se havia um hospital onde eu gostaria de ser operado, era aquele. Aquela universidade tem uma especificidade rara e valiosa na minha opinião: contando com o que há de mais avançado nas tecnologias de ponta, ela também é muito aberta para as intervenções não convencionais. Ou melhor, não hesita em conjugar intervenções: por exemplo, seu departamento de medicinas naturais faz pesquisas conjuntas com o departamento de neurocirurgia em torno de métodos terapêuticos que combinem as duas abordagens, e essas pesquisas dão ensejo a publicações nos melhores jornais de oncologia! Não conheço nenhum centro hospitalar francês que pratique essa mistura frutífera de disciplinas.

Durante o curso que eu dera, entrei em contato com neurocirurgiões cujos métodos revolucionários me impressionaram muito. Um desses métodos, em especial, consiste em implantar — depois da retirada do tumor — pequenas esferas radioativas no cérebro, exatamente na região afetada pelo câncer. Essas esferas agem então de modo ultralocalizado para destruir as células cancerígenas que tenham escapado à cirur-

Em Colônia: de cama

gia. Infinitamente mais precisas que as radiações externas clássicas, cujo feixe largo ataca ao mesmo tempo o tumor e os tecidos sadios que o cercam, essa nova modalidade de ação provoca um número muito menor de efeitos colaterais. Os neurocirurgiões de Colônia tinham garantido: "Temos ótimos índices de sucesso com esse método. Se o seu tumor tiver de voltar, não se esqueça de que podemos ajudá-lo."

Em vista da gravidade do meu estado, estava proibida qualquer viagem. Eu não podia voltar para a França, a menos que o meu retorno fosse feito no esquema estrito de uma repatriação por motivos de saúde. No entanto, eu hesitava em ser operado ali, pois receava o afastamento das minhas "bases", mas no hospital todos foram atenciosos. Alguns médicos e enfermeiras até falavam um excelente francês, sentindo-se felicíssimos por poderem praticá-lo comigo.

Meus irmãos e meus amigos às vezes me perguntam se, no verão passado, eu não me senti desanimado diante daquela doença que me atacava tão ferozmente, diante da necessidade de ser operado novamente, de fazer uma nova leva de radioterapia, uma nova leva de quimioterapia talvez. Perguntam se eu não tive, mesmo que de longe, vontade de desistir. Respondo sem hesitar: "De jeito nenhum." O que não é heroísmo nenhum de minha parte. Acredito que o desânimo se instala quando o sofrimento é prolongado demais. Ou quando há náuseas, invalidez, humilhação — que são também formas de sofrimento. Até hoje consegui evitá-los em grande parte. Espero que dure.

Imediatamente percebi, sem a menor sombra de incerteza, que faria tudo o que fosse preciso para lutar. Buscaria as terapias convencionais mais adequadas à minha situação. E as reforçaria com meu programa anticâncer. Evidentemente,

Podemos dizer adeus mais de uma vez

com o declínio de minhas forças físicas, eu teria que limitar os exercícios físicos. A bicicleta, por exemplo, tornava-se muito perigosa. Um tumor daquele porte, sobretudo no lobo frontal, multiplica os riscos de epilepsia. É melhor ter um ataque epiléptico a pé do que de bicicleta... Mas nada me impedia de andar, e eu estava decidido a fazê-lo pelo menos meia hora por dia. Além disso, ia continuar a luta em todos os outros fronts — alimentação, ioga, meditação...

O clube dos vivos

Além de Émile, que já estava presente, meus irmãos Franklin e, depois, Édouard foram oferecer-me ajuda. A presença deles foi vital para mim. Meu estado de cansaço era tal, que eu tinha dificuldade para manter as ideias claras. Havia uma infinidade de tarefas práticas para realizar: internações, é claro, mas também discussões com os médicos para saber qual seria o caminho a seguir, o modo como eu deveria me adaptar, conhecer quem me ajudaria durante aquela hospitalização. Seria por causa da pressão criada pelo tumor? Eu sentia meu cérebro falhar, não conseguia pensar, tomar decisões. Precisaria de apoio mental por parte de alguma pessoa em quem eu tivesse toda a confiança.

Minha mulher, que estava grávida, não poderia ir a Colônia com a frequência desejada. Além do mais, como a minha operação seria acompanhada pela implantação de esferas radioativas no cérebro, eu emitiria radiações potencialmente nefastas para o bebê que ela trazia no ventre. Para nos consolarmos daquele distanciamento imposto, mantínhamos contato através de longas e carinhosas conversas telefônicas que me tranquilizavam muito.

Recebi como uma dádiva do céu o apoio de meus parentes. É uma sorte imensa pertencer a uma família numerosa — quatro irmãos, uns vinte primos e primas, ligados por vivo

O clube dos vivos

sentimento de solidariedade —, família que logo me cercou de todas as atenções e não poupou nada para me socorrer naquele momento crítico. Durante minha estada no hospital de Colônia, meus irmãos se revezaram para não me deixar sozinho. A cada noite, um deles dormia ao meu lado, numa cama de acampamento mais baixa. Lembro-me da noite em que, quando fui me levantar para ir ao banheiro, acordei o anjo da guarda da vez caindo em cima dele. Passado o susto, rimos muito.

Apesar do peso da operação, tivemos excelentes momentos juntos. Pela manhã, ouvíamos música; à noite, víamos filmes. Durante o dia, admirávamos as belas enfermeiras alemãs, atividade que recomendo para fortalecer a vontade de viver... Por um golpe de sorte, minha permanência lá coincidiu com a Copa do Mundo de futebol, que eu acompanhava com paixão, concretizando assim uma antiga vontade que eu tinha negligenciado durante tanto tempo, a tal ponto vivia absorvido pelo trabalho.

A comida servida no hospital era lastimável. Com muita frequência se resumia a uma rodela de salame e uma fatia de queijo plastificado em cima de um pão de fôrma — o oposto quase perfeito do prato anticâncer... Minha mãe tinha feito amizade com a dona do Bella Vista, excelente *trattoria* do bairro: as duas me mimavam com iguarias mediterrâneas que mandavam preparar especialmente para mim.

Sacha, meu filho de 15 anos, também foi para lá me visitar. Não o vejo com frequência, pois ele mora nos Estados Unidos com a mãe, e nossa relação é cheia de hiatos. Conversávamos todos os dias por telefone, e eu sentia que ele estava muito preocupado. Não só com a minha saúde, mas também — de um modo mais velado — porque temia que a doença tivesse me transformado demais. Na primeira noite, passamos

Podemos dizer adeus mais de uma vez

um bom tempo juntos. Como dividia o quarto com minha mãe, certa vez ele lhe fez esta confidência comovente: "Sabe, eu me sinto muito melhor agora, porque ele continua sendo o mesmo pai. Não mudou!"

Quando fiquei numa casa de convalescença, meus irmãos organizaram o "rodízio" das pessoas que me visitariam e às vezes passariam a noite num quarto do centro. Não foi fácil, pois numerosos amigos foram me ver durante aqueles dois meses em Colônia.

Todos os que tiveram problemas sérios de saúde sabem disso. Quando estamos doentes e inválidos, com muita facilidade nos sentimos sós. Não podemos nos virar sozinhos na cama, não podemos sentar sozinhos numa cadeira, não podemos telefonar nem responder a e-mails. A invalidez não é penosa só para se viver, ela também afeta o sentimento de dignidade. Lembro-me de que no hospital eu frequentemente tinha a impressão de cheirar mal, mesmo que todos os dias as enfermeiras me ajudassem na higiene pessoal com toda a gentileza. No fundo, eu gostaria de conseguir tomar um banho de chuveiro antes de sua chegada, para evitar que elas tivessem de suportar um doente que não tinha exatamente cheiro de rosas... Apesar de tudo, quando as pessoas que nos cercam podem participar, é uma sorte enorme. Para um doente, tudo muda quando ele pode contar com ajuda para tomar banho, escovar os dentes, comer, pôr e tirar a roupa, deitar-se ou levantar-se etc.

O aspecto afetivo também conta, é claro. Quanto mais doentes estamos, mais nos sentimos sozinhos, ansiosos e deprimidos. Ao contrário, quanto mais cercados de gente, mais conectados ficamos com a vida e com aquilo que dá vontade de viver. As coisas mais simples já ajudam: assistir a um filme

O clube dos vivos

juntos, jogar cartas, contar histórias, lembrar o passado, fazer projetos de fins de semana ou de férias... Mesmo quando precisam renunciar ao modo de vida de "antes", os doentes têm necessidade de sentir que continuam a fazer "parte do clube" — o clube dos vivos que "fazem coisas" e "vivem a vida".

Volta ao aquário

Minha antiga experiência com hospitalizações me ensinara que, quando se entra na fase de convalescença, a coisa "gira" quase sozinha, poderíamos dizer. A gente deixa de se preocupar com o que vai acontecer no dia seguinte ou mesmo na hora seguinte. Trava-se uma infinidade de pequenas batalhas: levantar-se, comer, tentar o maior conforto possível, apesar da dor de cabeça, da náusea, das injeções e das outras dores físicas; encontrar forças para falar, ouvir, manter contato... São batalhas minúsculas, mas, como se sucedem ininterruptamente, monopolizam toda a atenção. Há também batalhas maiores: exames, anestesias, operação etc. As forças que restam são dedicadas ao essencial: preservar os laços com a família, com os filhos, com os irmãos...

Lembro-me da dor de cabeça persistente nos dias que se seguiram à operação, bem mais renitente do que tudo o que eu havia conhecido no passado; era decorrente do tamanho do tumor que tinham acabado de extrair. Uma dor que bloqueia tudo. Não se tem mais vontade de ler, de comer, nem de assistir à televisão. Não se tem vontade de nada. Felizmente, o hospital agora lida de maneira bastante satisfatória com essa questão. Pessoalmente, acabei por pedir morfina, que hoje em dia é administrada sem o perigo de se criar dependência.

Volta ao aquário

Entre as "provações" pelas quais é preciso passar no hospital, a anestesia é das que mais temo. Em primeiro lugar, existe a injeção, e eu não gosto de injeções, ainda que — ou talvez porque — eu tenha sido submetido a tantas... Acima de tudo, perde-se o controle sobre o próprio pensamento. A gente está lá e, de repente, puf!... sumiu tudo. Essa sensação de desconexão total é sentida com mais pavor quando a operação é feita no cérebro. Woody Allen dizia: "O cérebro, de qualquer modo, é o segundo órgão mais importante..." Para mim, é o primeiro. Tenho muito apreço por ele. Dediquei a ele grande parte de minha vida, fortalecendo-o, treinando-o, preparando-o para certas tarefas. O fato de terem retirado um pedaço considerável do meu cérebro é em si uma ideia angustiante.

Lembro-me do meu medo, vinte anos antes, da primeira vez que me submeti a uma cirurgia no cérebro. Eu sabia que os neurocirurgiões cortavam o máximo possível ao redor do tumor, para deixar o mínimo de células malignas. Assim que acordei da anestesia, minha primeira ação foi fazer "exercícios" em cima do lençol com a mão esquerda, para verificar se não tinham tirado muitas coisas importantes do meu lobo direito. Verificando que minha mão obedecera, fiquei enormemente aliviado.

Além do aspecto motor, mexer no lobo frontal significa também correr o risco — mais preocupante — de produzir mudanças psicológicas, sobretudo na afetividade. Em circunstâncias normais, ninguém tem vontade de mudar de afetividade. Temos vontade de continuar amando quem amamos, de ser tocados pelo que nos comove, de detestar, admirar ou desprezar o que detestamos, admiramos ou desprezamos. Na minha primeira operação, fiquei aterrorizado com a ideia de poder acordar com uma personalidade diferente daquela com a qual eu tinha adormecido. Será que eu ia me reconhecer quando acordasse? Será que eu ia deparar com um estranho coabitando

Podemos dizer adeus mais de uma vez

a minha cabeça? Ou ainda: será que com o tempo eu ia descobrir que já não era o mesmo? Depois de quanto tempo? E, supondo que eu me "reencontrasse" sem problemas quando acordasse, como podia ter certeza de que era eu mesmo?

Foram meus irmãos, já também presentes e inabaláveis naquela provação, que acalmaram essas minhas preocupações vertiginosas. Disseram que não me achavam muito mudado. No máximo tinham notado que eu estava mais "derretido", que estava sempre pronto a ter lágrimas nos olhos, quando, por exemplo, via um filme sentimental ou ouvia música. Depois de meu restabelecimento, retomei o trabalho de psiquiatra. Observei que as pessoas me emocionavam muito mais. Era de fato uma mudança considerável, sobretudo na minha profissão. Eu tinha descoberto, com admiração, que era profundamente tocado por meus pacientes.

Evidentemente, o fato de ter passado para o outro lado, de ter virado paciente também, de ter conhecido as angústias, as dores e as esperanças de um doente, era algo que me ajudava a tornar-me mais humano, mais capaz de me conectar com a condição comum entre nós. Mas estou convencido de que no meu caso a cirurgia foi determinante, pois fiquei bastante sensível, e até excessivamente sensível, como se estivesse o tempo todo no limite de minhas emoções.

O fato é que, no verão passado, era a terceira vez que mexiam no meu cérebro. Era a terceira vez que eu corria, talvez, o risco de "perder a alma". Foi com apreensão real que encarei a anestesia. Felizmente, daquela vez, como das anteriores, constatei ao acordar que eu era mais ou menos a mesma pessoa. Muito enfraquecido, mas muito aliviado por me reencontrar, por reencontrar os mesmos pensamentos girando no mesmo "aquário" familiar de meu espírito.

O vampiro de Lovaina

Uma semana depois, implantaram as famosas esferas radioativas que deveriam "limpar" as células cancerosas infiltradas em tecidos pouco acessíveis ao bisturi. Essas esferas liberam automaticamente radiações até se esgotarem. O efeito delas, assim como o da radioterapia externa, não é dimensionável de imediato.

Eu queria completar o tratamento com outra abordagem inovadora, ainda em estágio experimental: a "vacina" preparada "sob medida" contra meu próprio tumor. O hospital de Pittsburgh, onde eu tinha trabalhado durante muito tempo, faz parte do punhado de programas no mundo que testam esse método fascinante de eficácia comprovada sobre certos cânceres — entre eles, tumores do cérebro. Mas estava fora de cogitação fazer uma viagem ao outro lado do Atlântico. Por um feliz acaso, meu irmão Franklin ficou sabendo que um doente fizera um tratamento análogo não nos Estados Unidos, mas em Lovaina, na Bélgica, a 180 quilômetros dali! Tomadas as devidas informações, ficamos sabendo que a equipe do professor Stefaan Van Gool da universidade de Lovaina era a que desenvolvia o trabalho mais avançado nesse terreno, com 170 casos tratados. O meu caso se adequaria muito bem ao seu protocolo de pesquisa.

O método praticado em Lovaina consiste em retirar 20% dos glóbulos brancos do paciente e depois, no laboratório, colocá-los em contato com o tumor retirado na cirurgia, o que produz o efeito de sensibilizar essas células sanguíneas às proteínas presentes na superfície das células tumorais. Em seguida, os glóbulos brancos assim "condicionados" são periodicamente reinjetados em seu "dono", agindo no organismo deste exatamente como uma vacina: eles alertam o sistema imunológico contra todo e qualquer elemento suspeito que apresente aquelas proteínas específicas em sua superfície. Os soldadinhos do sistema imunológico então vão perseguir as células cancerosas em todos os recessos do organismo nos quais possam estar escondidas.

Nenhum outro método possui esse modo de ação com um alvo bem definido. Comparada a essa "guerra hipercirúrgica", a quimioterapia parece mais um ataque com napalm, ou mesmo um bombardeio de saturação. Além do mais, os resultados obtidos são apreciáveis. Segundo estatísticas atuais, a vacina possibilita "limpar totalmente" 20% dos tumores. Um quinto dos cânceres totalmente curados é uma taxa considerável.

Esse conceito fascinante, que consiste em informar o sistema imunológico para que ele se mobilize 100% contra um inimigo claramente identificado, atualmente é usado contra melanomas, cânceres do rim e do colo do útero. No futuro, um número cada vez maior de doentes poderá ser beneficiado por essa abordagem.

Pouco tempo depois da cirurgia, Franklin me levou à universidade de Lovaina para que eu retirasse os glóbulos brancos. Depois do tratamento, esses glóbulos deveriam ser injetados em mim na forma de vacina uma vez por semana, depois uma vez por mês.

De início, precisei passar por uma sessão de preparação durante a qual 20% de meus glóbulos brancos seriam retirados. Foi inserida uma agulha metálica na parte interna do meu cotovelo para extrair todo o meu sangue e fazê-lo circular fora do corpo, cinco vezes seguidas, passando por uma centrífuga que separaria os glóbulos brancos. Não pude deixar de sentir aquela máquina, que de um lado sugava meu sangue e de outro o injetava de novo, como uma espécie de vampiro. Além do mais, o processo era horrivelmente demorado, coisa que eu não sabia. Depois de duas horas, quando a agulha do cotovelo começava a provocar uma dor lancinante, perguntei ao pessoal do atendimento: "Ainda demora muito?" Responderam: "Está quase acabando, faltam só mais duas horas e meia." E, para poder suportar o meu mal com paciência, eu só tinha um audiolivro que ainda por cima nem era dos mais alegres: *David Copperfield,* de Dickens...

A experiência foi tão penosa, que, quando precisei recomeçar depois o processo numa segunda tentativa de vacinação, tomei minhas precauções. Fui munido de dois vídeos, um desenho animado que recomendo muito, *Spirit: o corcel indomável,* e o engraçadíssimo *Uma babá quase perfeita.* Assim que cheguei, armei-me de coragem para dizer: "Por favor, não ponham a agulha no braço, dói demais." A reação das pessoas me espantou: nenhum mau humor nem contrariedade; ao contrário, muita gentileza e compreensão. Deram um jeito, colocando um cateter no pescoço, que tem a imensa vantagem de não provocar dor.

Essa pequena aventura me fez compreender uma coisa: não devemos procurar bancar o herói no hospital. Na qualidade de médico, eu tinha certa tendência a dizer: "Não há problema, vá em frente, pode me picar!", mas na verdade eu sofria tanto quanto qualquer outra pessoa. Precisei chegar à beira dos 50 anos para compreender que vale mais ser modesto — e evitar o sofrimento.

Balde de água fria

Um dos sinais do contra-ataque da vida depois de uma intervenção cirúrgica de porte é o reaparecimento do apetite. A gente volta a ter fome, a sentir vontade de comer coisas gostosas. Tenho uma lembrança luminosa dos almoços nos barzinhos próximos ao hospital. Sentado à mesa, num terraço ensolarado, diante de um sublime prato de massa com frutos do mar, eu voltava a sentir gosto de viver. No entanto, o sinal mais impressionante é a volta de outro apetite: o desejo. A primeira vez que fiz amor com minha mulher, senti que voltava a ser homem. Desejo e carinho ao mesmo tempo, essa é toda a beleza do sexo. Mesmo que um quarto de hospital, que a gente não pode fechar por dentro, não seja o lugar ideal para encontros românticos...

Voltamos a Paris, fui retomando uma vida mais ou menos normal. Já não podia trafegar de bicicleta, nem ir ao escritório. Precisava descansar, fazer todos os dias uma longa sesta. Mas minhas pernas estavam mais firmes, meu olho esquerdo voltava ao eixo, meu estrabismo diminuía e eu conseguia ler de novo. Voltei a trabalhar em casa, a responder à minha correspondência, a dar entrevistas por telefone. Consegui até ir fazer uma conferência sobre medicinas alternativas na Academia Real de Cirurgia da Holanda. Essa Academia, em princípio, não é o auditório mais favorável a esse tipo de abordagem, e eu não es-

Balde de água fria

tava exatamente na minha melhor forma. De qualquer modo, senti que conseguia despertar o interesse do público. Eu estava no bom caminho, decidido a dar crédito à vacina.

A primeira ressonância magnética de controle, feita em outubro, não revelou nenhuma sombra suspeita. Aliás, eu não apresentava nenhum sintoma, nem sombra de enxaqueca ou de pernas bambas. Mas a segunda ressonância magnética, feita em dezembro, foi um balde de água fria: o tumor, ou melhor, um tumor voltara. Minha mulher, que estava a um mês do parto, fizera questão de me acompanhar ao centro de radiologia. Ela estava presente no momento em que me comunicaram o resultado. O sofrimento dela foi indescritível. Nós dois estávamos tão abalados, que precisamos ficar sentados durante algum tempo na sala de espera. Depois fomos almoçar num restaurante próximo ao hospital. Repetíamos: "Pronto, vai começar tudo de novo, tudo outra vez", chorando diante da comida. "Vamos fazer tudo o que for preciso, como sempre, e vamos conseguir", disse-me Gwenaëlle. "Estou do teu lado."

Nessas circunstâncias críticas, ter o foco na ação é a melhor proteção contra o desespero. Mas é preciso antes reconhecer que a situação é emocionalmente muito dura, é preciso lembrar que nesse barco estamos com o nosso cônjuge, com os nossos parentes. Podemos então enfrentar as decisões práticas e nos empenhar seriamente na ação.

O novo tumor tinha surgido no mesmo lugar, mas felizmente era bem menor e muito menos agressivo. Provavelmente, uma mutação do tumor anterior, o que podia explicar a ineficácia da vacina. Os médicos disseram: "Ele está perfeitamente acessível à cirurgia, podemos voltar a operar imediatamente." Não tive tempo de me entregar ao desânimo. Fui operado uma semana depois.

Podemos dizer adeus mais de uma vez

Como a excrescência daquela vez era muito pequena, os cirurgiões conseguiram retirá-la inteiramente. A operação foi tão bem-sucedida, que não era necessário recorrer a nenhuma radioterapia complementar, e eu pude sair rapidamente do hospital. Decidi não ir a nenhuma casa de repouso para a convalescença. Minha mulher já estava prestes a dar à luz, e eu fazia questão absoluta de estar presente no parto de minha filha Anna. Daquela magnífica aventura eu queria participar.

Quanto à vacina, era preciso recomeçar do zero. Como o novo tumor era uma mutação, era preciso fabricar uma nova vacina sob medida para ter esperança de combatê-lo. Evidentemente, a primeira tentativa não tinha sido concludente, mas era um bom plano. Eu não tinha esquecido as estatísticas: 20% de sucesso completo. Era suficiente para merecer uma segunda tentativa.

Cinquenta anos: o elefante, o crânio e o vento

A vacina não foi suficiente para deter o câncer. No fim de fevereiro, depois das quatro primeiras injeções de vacina, uma ressonância magnética de rotina revelou o que os radiologistas chamam de "zonas de contraste". As zonas claras são de proliferação cancerosa. Em uma semana apareceram sintomas significativos: dores de cabeça persistentes, perna esquerda puxando, mão esquerda desobediente. Os médicos concluíram que tinha havido uma nova progressão do câncer, acompanhada de um edema que comprimia a zona do córtex encarregada da coordenação motora. Daquela vez, os neurocirurgiões não podiam operar: não havia tumor nitidamente delimitado, apenas células cancerosas difusas que o bisturi não podia procurar uma a uma.

Em Lovaina, explicaram-me que o fato de aquelas células não terem se transformado em tumor decorria, pelo menos em parte, do efeito da vacina. Esta última ajudava a manter uma pressão imunológica suficiente para que a proliferação ficasse dentro de certos limites. Enquanto isso, algumas células malignas infiltraram-se em algumas regiões do meu córtex motor direito, minando minha capacidade de movimentar braço e perna do lado esquerdo. Com meu médico, em quem eu confiava plenamente, eu tinha optado por

Cinquenta anos: o elefante, o crânio e o vento

um tratamento antiangiogênico* (Avastin), em paralelo às injeções de vacina.

Há algumas semanas, não consigo digitar com as duas mãos e tenho muita dificuldade para andar. Com frequência me sinto cansado. A leitura voltou a ficar difícil. Estou perdendo a voz e falo muito baixo, como quem cochicha. Estou me poupando, consciente de que precisarei de todas as forças para voltar a subir a ladeira.

Neste ano fiz 50 anos. Com a ajuda de meus irmãos, dei uma festa numa noite de abril em que tudo se envolvia na amenidade da primavera parisiense. Convidei todos aqueles que amo. Alguns amigos estavam a par de meu estado, outros nem tanto. Eu queria pessoalmente anunciar-lhes a notícia e dar nome às coisas. Pensei muito nas poucas palavras que diria. Seria mais conveniente pôr os pingos nos *is*, citar termos técnicos e estatísticas? Ou seria melhor ficar num campo mais geral?

Optei pela franqueza. Em primeiro lugar, porque os rumos tomados pela minha doença manifestam-se por sinais evidentes: fraqueza da voz e vacilação da perna e da mão do lado esquerdo. Mas também porque, no aniversário que talvez fosse o último em companhia de meus amigos, eu queria dialogar com eles de coração aberto. Como dizem os americanos, quando há "um elefante na sala", não devemos fingir que não o enxergamos, precisamos falar dele e chamá-lo pelo nome.

Naquela noite, chamei o elefante por seu nome. Dei todos os detalhes. Repito-os hoje para os leitores que me dão a honra e a alegria de apreciar meu trabalho. Ei-los:

---

* Tratamento que controla a proliferação de vasos sanguíneos no tecido canceroso. (N. da T.)

Podemos dizer adeus mais de uma vez

Desde a recidiva de meu câncer em junho de 2010, fui submetido a três operações, uma radioterapia, dois protocolos de vacina e um tratamento antiangiogênico. A forma com a qual esse tumor voltou é muito mais agressiva do que aquela com que vivi durante 18 anos. Trata-se de um glioblastoma de estágio IV, cujos prognósticos estão entre os piores de todos os cânceres, com média de sobrevida de 15 meses. Isso significa que metade das pessoas afetadas por esse tumor vive menos de 15 meses depois do diagnóstico, e a outra metade mais de 15 meses. Em caso de recidiva, as probabilidades de sobrevida para além de 18 meses são quase nulas.

Descrevi meu plano de batalha para pôr todas as chances do meu lado, apoiando-me ao mesmo tempo em médicos excepcionais e nas ações complementares do programa anticâncer.

Talvez eu não festeje os 51 anos. Mas estou feliz por ter sido portador de valores aos quais continuo extremamente apegado. Esse conjunto de valores, que não tem realmente nome em francês, em inglês é chamado *empowerment*. Nossos amigos canadenses o traduzem com o neologismo "*empuissancement*". Trata-se da capacidade vital de recuperar o poder sobre si mesmo. Estou muito orgulhoso de ter contribuído para fazer essa ideia avançar em meu campo de ação, a medicina, embora ainda haja muito caminho pela frente.

Há uma belíssima imagem no romance *Sexta-feira ou os limbos do Pacífico*. Nele, Michel Tournier fala de um crânio de búfalo suspenso de uma árvore, que, quando atravessado pelo vento, emite música. O que faz a música: o crânio, o vento, ou o encontro dos dois?

Com a criatividade é a mesma coisa: cada um de nós, ao longo da vida e das experiências, é como aquele crânio de bú-

Cinquenta anos: o elefante, o crânio e o vento

falo através do qual sopra a vida, gerando uma melodia totalmente inédita. Que sentimento de júbilo perceber que não é preciso ser artista para viver a vida como um processo criativo!

O que aprendi de essencial nos últimos vinte anos de minha carreira científica é também a maior descoberta da ecologia moderna: trata-se da ideia simples e fundamental de que a vida é expressão de relações dentro de uma rede, e não uma série de objetivos pontuais buscados por indivíduos distintos. Isso é verdade tanto para formigas, girafas, lobos quanto para seres humanos. De minha parte, foi por meio das relações com todos aqueles que se apaixonam por essas ideias de ecologia humana que tive a oportunidade de expressar minha criatividade e de contribuir para a comunidade. Devo agradecer a todos por isso.

Segunda parte

"Tudo aquilo pra isso?"

Lentamente eu emergia do torpor mental. Três dias depois da operação de junho, recebi a visita de meu amigo Régis Debray, que estava de passagem por Colônia. Ele se sentou perto do meu leito e me disse com um tom bonachão: "E aí, as framboesas e os brócolis não adiantaram?"

Caro leitor, algo me diz que, desde que abriu este livro, você faz a mesma pergunta. O autor de *Anticâncer* vítima de uma grave recaída, talvez às portas da morte... Ou talvez — hipótese que não posso descartar — já morto no momento em que você estiver lendo estas linhas... Tudo aquilo pra isso? Aqueles milhares de artigos científicos passados pelo pente-fino, aquelas pesquisas minuciosas, aqueles resultados cruzados, interpretados, aquele programa de luta anticâncer cuidadosamente preparado, atualizado, acompanhado de infinitas recomendações e advertências... Tudo aquilo para mais uma vez acabar com uma bola no cérebro, mais uma vez na mesa de operações, nas mãos dos neurocirurgiões e dos oncologistas?

Caro leitor, sinto que sua fé nas framboesas e nos brócolis está vacilando. E também sua fé no exercício físico, no ioga, na meditação, na luta contra o estresse... Ouço-o murmurar: "Afinal de contas, se o próprio David, que é o exemplo vivo dessa abordagem, que pensa anticâncer, come anticâncer, bebe

"Tudo aquilo pra isso?"

anticâncer, respira anticâncer, vive anticâncer, está de cama, o que sobrou do *Anticâncer*?"

Você pode imaginar que, depois de Régis, essa pergunta me foi feita por muitas pessoas. Pode imaginar que eu não esperei que a fizessem para pensar no assunto. Na verdade, minha recaída suscitou em mim várias perguntas desse tipo. Foram as interrogações mais graves e talvez as mais importantes da minha vida.

Vejam só como eu formularia a primeira: "Os métodos que defendo no *Anticâncer* serão sempre válidos para mim ou devo reconhecer que eles não oferecem proteção contra as recaídas?" Minha resposta, evidentemente, é: "O *Anticâncer* não perdeu nada de sua validade." Explicarei essa questão abaixo.

Mas essa resposta provoca imediatamente outra pergunta: "Uma vez que os métodos anticâncer não perderam a validade, por que não me protegeram?" Ou melhor: "Se admitirmos que eles me protegeram eficazmente desde a recaída anterior, por que deixaram de fazê-lo? Por que agora?" Esta interrogação obrigou-me a fazer uma espécie de "exame de consciência", como dizem os cristãos, ou de "autocrítica", como diriam os chineses. Devo reconhecer que, pelo menos no período mais recente, não fui um excelente exemplo do modo de vida anticâncer.

Isso me leva à terceira pergunta, mais profunda e provavelmente mais grave, que agora me faço: "Como vou enfrentar a morte quando ela estiver aí, diante de mim? Tudo o que aprendi, tudo o que pratiquei de vinte anos para cá, todo aquele treinamento como previsão do momento final vai resistir ao choque da realidade?"

É para responder a essas três perguntas que estou escrevendo hoje. Este livro também é a oportunidade de dizer

Podemos dizer adeus mais de uma vez

adeus a todos os que apreciaràm meus livros anteriores, *Curar — o stress, a ansiedade e a depressão* e *Anticâncer*, a todos aqueles que foram me ouvir falar nas conferências e nas mesas-redondas, a todos aqueles leitores ou ouvintes com quem frequentemente senti empatia imediata. Aconteça o que acontecer, tenho grande esperança de que esse adeus não seja o último. Podemos dizer adeus mais de uma vez.

É o que repito aos amigos que vêm me visitar, às vezes de muito longe, desde que souberam de minha recaída. Quando me perguntam: "Será que vou te rever daqui a três meses?", respondo com franqueza: "Não sei." É triste a "cerimônia do adeus". Mais amedrontador seria se não fosse triste. Se for possível nos reencontrarmos daqui a três meses, recomeçarei com o mesmo prazer e a mesma tristeza. Enquanto isso, prefiro não perder a oportunidade de dizer adeus àqueles que amo.

O que resta de *Anticâncer?*

A primeira pergunta provocada pelo meu estado de saúde: "Minha recaída prejudica a credibilidade do método anticâncer?" Respondo categoricamente que não. Em primeiro lugar, porque não represento uma experiência científica única, mas sou um caso clínico entre outros. As experiências científicas conjugam dados de milhares ou mesmo de dezenas de milhares de casos clínicos. Considerações, pesquisas, conclusões, provas apresentadas em *Anticâncer*, nada daquilo se baseou na minha experiência pessoal, mas na literatura científica.

Em segundo lugar, porque todos os tratamentos, sejam eles clássicos ou experimentais, apresentam índices de sucesso e de fracasso. Não há "tratamento milagroso" contra o câncer, não há sucesso de 100%, mesmo na medicina convencional, cujas proezas já nem se contam mais. Não existe método infalível, não existe cirurgia nem quimioterapia que tenha sucesso em todos os casos. Portanto, não é surpreendente constatar que nenhum regime alimentar, nenhum cuidado com a condição física, nenhuma técnica de controle do estresse esteja em condições de eliminar a possibilidade de uma recaída.

Em compensação, existem meios para cada um de nós melhorar ao máximo as próprias defesas naturais, tomando cuidados com o estado geral, físico e mental. Podemos pôr

O que resta de Anticâncer?

todos os nossos trunfos no jogo. Mas o jogo nunca está ganho de antemão.

Não há dúvida alguma de que esses métodos acessíveis a todos fortalecem realmente o potencial natural de autodefesa. Diversas pesquisas forneceram provas indiscutíveis disso. Felizmente, há médicos e hospitais que o reconhecem. Quando os médicos de Colônia decidiram me operar com urgência, em nenhum segundo me disseram: "E aí, seus brócolis não funcionaram!" Ao contrário, tranquilizaram-me: "Se você fizer tudo o que descreve no seu livro, vai ter todas as chances de sair dessa."

Gostei muito daquela atitude. Os pacientes que se mobilizam para fortalecer suas próprias defesas precisam que seus esforços sejam reconhecidos como válidos. Em vez disso, é muito frequente ouvir-se: "Faça o que quiser como complemento, não vai fazer bem nem mal."

Mas isso é falso, cientificamente falso. Toda a minha luta está nisso. Há um monte de "coisas" que podemos fazer legitimamente em paralelo às intervenções da medicina convencional. Essas "coisas" que chamo de métodos anticâncer fazem objetivamente muito bem. Contribuem objetivamente para a melhora do doente, para a eficácia dos tratamentos, para a atenuação dos seus efeitos colaterais, para o prolongamento dos períodos de recuo da doença e para a diminuição dos riscos de recaída.

Por exemplo, está perfeitamente comprovado que a atividade física possibilita suportar muito mais as quimioterapias. Portanto, os médicos não são obrigados a reduzir as doses, o que concorre diretamente para a eficácia do tratamento! Idem para a radioterapia, para a recuperação depois da cirurgia. Os métodos que possibilitam controlar melhor o estresse têm

Podemos dizer adeus mais de uma vez

como efeito, está provado, a redução nas náuseas. As abordagens anticâncer são na realidade instrumentos de primeira ordem para a saúde. É inaceitável não informar os doentes sobre isso.

No meu caso, estou convencido de que essas abordagens melhoraram consideravelmente minha vida, tanto em longevidade quanto em qualidade. O diagnóstico do tumor no cérebro foi feito pela primeira vez há 19 anos. O fato de eu ter vivido todos esses anos com um câncer agressivo — 99% das pessoas afetadas por ele não sobrevivem além de seis anos... — basta para legitimar a ideia de que estava em meu poder contribuir positivamente para meu estado de saúde.

O livro *Anticâncer* terminava com a confissão de que eu não sabia quanto tempo ainda viveria. Mas que, seja lá o que acontecesse, eu teria sido feliz por ter escolhido esse caminho que consiste em cultivar ao máximo todas as dimensões de minha saúde, pois essa escolha me permite já ter vivido uma vida bem mais feliz. Hoje reitero aquela afirmação: é preciso alimentar a saúde, alimentar o equilíbrio psíquico, alimentar as relações com os outros, alimentar o planeta em torno de nós. É o conjunto desses esforços que contribui para nos proteger, individual e coletivamente, do câncer, ainda que nunca obtenhamos uma garantia de 100%.

Calma interior

Quantas vezes ouvi meus amigos dizerem: "Cuide-se." Eles sabiam que eu corria o mundo, encadeando sem intervalos conferências, entrevistas, projetos. A preocupação deles era de que eu me sobrecarregasse. Eu os tranquilizava, dizendo: "Tem razão, vou desacelerar." Mas não fazia isso.

Muitas vezes afirmei praticar tudo aquilo que recomendo em *Anticâncer*. É verdade de modo geral, a não ser num ponto: impondo-me um ritmo de trabalho estafante e, no todo, excessivo, não cuidei suficientemente de mim, durante muitos anos. Esse esgotamento remonta na verdade à publicação de meu livro anterior, *Curar...* As demonstrações de interesse e reconhecimento que recebi me deixaram tão feliz, que me entreguei de corpo e alma à defesa daquelas ideias. Peguei o costume de viajar pela França, pela Europa, mas também à Ásia, aos Estados Unidos, ao Canadá. Obriguei-me a passar por inúmeros fusos horários, cujo efeito negativo sobre o sistema imunológico todos conhecem, o que ocorre por meio da produção de hormônios de estresse, como o cortisol, e por meio da perturbação dos ritmos naturais básicos.

Esse grande desregramento de meus ritmos biológicos culminou no ano passado com a recaída. O livro *Anticâncer* fora muito bem recebido nos Estados Unidos, e eu estava sendo do constantemente solicitado pela imprensa. A defesa daque-

Calma interior

las concepções me deixava tão envolvido, que eu pura e simplesmente esqueci de me poupar. Em 2009-2010, fiz em média uma viagem por mês entre as duas costas do Atlântico, e uma ou duas viagens por semana pela França ou pela Europa. Era demais. No fim do ano, eu estava literalmente esgotado. Foi na sequência disso que o tumor reapareceu.

Com o recuo da doença, acho que fui impelido por uma vontade muito humana de esquecer a minha condição, de me sentir "normal", de levar a vida "como todo mundo". Acho, principalmente, que me deixei levar por uma espécie de pecado do orgulho, pois cheguei a me sentir quase invulnerável. Ora, nunca se deve perder a humildade diante da doença. Ninguém tem nenhuma arma invencível contra ela, e as melhores técnicas da medicina moderna podem ser derrotadas. É um grave erro esquecer até que ponto a biologia é determinante.

Embora precisasse continuar humilde, cometi o erro de acreditar ter encontrado a fórmula mágica que me permitiria continuar saudável mesmo me entregando de corpo e alma aos projetos que me apaixonavam. Tive a fraqueza de acreditar que estava protegido pelo simples fato de respeitar certo número de precauções: cuidava da alimentação, andava todos os dias de bicicleta, meditava um pouco e fazia um pouco de ioga todos os dias. Acreditei que isso me daria licença para ignorar necessidades fundamentais do meu organismo, como o sono, ritmos regulares e repouso.

Em retrospectiva, o erro me salta aos olhos. Embora eu não represente uma "experiência científica" única, acredito que é possível extrair, legitimamente, algumas lições da minha desventura: não devemos nos esgotar, não devemos nos sobrecarregar. Uma das proteções mais importantes contra o câncer consiste em encontrar certa calma interior. Não ignoro que

Podemos dizer adeus mais de uma vez

para todos aqueles que exercem profissões difíceis, que trabalham à noite, por turnos de oito horas, esse conselho não é facilmente aplicável. Assim como não o é para os que têm filhos pequenos ou adolescentes, ou então para os que precisam viajar muito.

Pessoalmente, não consegui encontrar essa calma, e hoje me arrependo. Não soube ficar perto da natureza e dos ritmos naturais. Estou intimamente convencido de que frequentar bosques, montanhas, rios é uma prática que possibilita recarregar incrivelmente as baterias, talvez por permitir que a gente se baseie no ritmo das estações, o que deve contribuir para o equilíbrio e a cura do organismo. Não conheço estudos científicos que respaldem essa intuição. Mas a ideia de que a harmonia com a natureza é um dos meios de alimentar a saúde do corpo é coerente com toda uma série de verdades estabelecidas.

Ordem de prioridades

Conheço uma canadense, Molly, que tem mais ou menos a minha idade e que, como eu, vive com um glioblastoma de grau IV, mas no caso dela isso já faz bem uns dez anos, o que representa uma verdadeira proeza. Ela foi submetida a um tratamento convencional logo no início, e depois não teve uma recidiva. Talvez esse recuo excepcional de sua doença se deva ao fato de ela ter ido morar no norte de Toronto, em isolamento quase completo, e de passear diariamente durante muito tempo às margens de um lago. Quando alguém lhe pergunta: "O que a ajuda mais a se manter longe da doença?", ela sempre responde: "A calma. É a calma que me protege."

Eu, por outro lado, fiz a escolha diametralmente oposta. Estava convencido de que precisava menos de calma do que de dar minha contribuição para o bem-estar coletivo e desempenhar algum papel na modificação dos comportamentos e das concepções em relação a uma "ecologia humana" mais equilibrada. Estava feliz demais — e ainda estou — por poder contribuir nem que fosse um pouco com aquelas evoluções, para pensar por um instante em desistir. Mas foi precisamente aquela satisfação intensa que me levou a negligenciar meus limites. Minha atividade se tornara a tal ponto envolvente, que desorganizou todos os meus ritmos e ritos de vida. Por exemplo, quase não tirei férias nos últimos anos e quase nunca arranjei

Ordem de prioridades

períodos de repouso e tranquilidade. Errei? Hoje é difícil julgar aquelas escolhas, mas, se me fosse permitido "voltar atrás", estaria decidido a não mais negligenciar essas necessidades.

A noção de "estresse positivo" desempenhou um papel na pequena importância que eu atribuía à redução das fontes de tensão. Ao escrever meus livros, eu descobrira que existe um tipo fascinante de estresse, benéfico tanto para a mente quanto para o corpo, e que nos leva à superação. Graças a ele, descobrimos recursos insuspeitados no fundo de nós mesmos e conseguimos ampliar nossos limites. Vários estudos mostraram que períodos breves de estresse positivo podem fortalecer o sistema imunitário.

Esse estresse "benéfico" é o oposto do estresse "negativo", mais conhecido, que gera um sentimento de impotência e de bloqueio, que tem o efeito de criar tensão no organismo. Várias experiências provam que essas situações de estresse prolongado são muito nocivas nos animais e aceleram as recidivas do câncer. Estudos feitos com seres humanos apontam para o mesmo sentido. Sabe-se que o sentimento de impotência enfraquece o sistema imunológico e provoca inflamações. Isso favorece os processos tumorais, mas também toda uma série de outros problemas, como afecções cardíacas, hipertensão, diabetes, artrite etc.

Embora o estresse "positivo" seja incontestavelmente um dos grandes motores da potência vital, hoje acredito que ele às vezes age como uma droga sobre o psiquismo. Podemos ficar "viciados" no estresse positivo, podemos querer "aumentar as doses", podemos "ter crises de abstinência" e, sobretudo, "perder o senso de medida". Isso talvez tenha acontecido comigo quando, assoberbado pelo trabalho, esqueci as exigências de meu organismo...

Podemos dizer adeus mais de uma vez

Daí a questão sobre a importância relativa das ações anticâncer. Entre essas ações, haverá algumas mais importantes que outras? Haverá as indispensáveis? Na obra *Anticâncer*, relacionei um grande número de fatores, baseado em estudos científicos, mas não sugeri nenhuma classificação por ordem de importância. Na verdade, eu quis deixar esse aspecto para a escolha do leitor, consciente de que recomendações numerosas ou coercitivas demais podem desanimá-lo, quando, ao contrário, ele precisa ser motivado.

Do modo como o *Anticâncer* foi percebido pelo público, os conselhos a respeito da alimentação, como comer framboesas e beber chá verde, acabaram por ocultar um pouco as outras recomendações. Eu mesmo insisti nesse aspecto, acreditando que, se as pessoas começassem a comer saudavelmente, já teríamos feito um grande progresso. Também era a parte da mensagem mais evidente e mais simples de aplicar: é mais fácil comer peixe e frutas vermelhas do que mudar os hábitos de trabalho ou o relacionamento com o cônjuge.

Evidentemente, *Anticâncer* aborda outras dimensões no mínimo tão importantes quanto essas, se não mais. Muitas vezes tive vontade de esclarecer a questão das prioridades nas precauções que deveriam ser tomadas. É um assunto complexo, e faltam estudos científicos. Portanto, cada um precisa confiar na sua própria intuição.

À luz de minha dura experiência, sou tentado a enfatizar principalmente a absoluta necessidade de encontrar serenidade interior e de preservá-la, em especial com a ajuda de meditação, exercícios de coerência cardíaca e, sobretudo, um equilíbrio de vida que reduza o máximo possível as fontes de estresse. Em segundo lugar, coloco a atividade física, cuja importância nunca será suficientemente enfatizada. No mesmo nível está a ali-

Ordem de prioridades

mentação, cujo papel tenho a felicidade de ver agora reconhecido, inclusive por alguns oncologistas que de início contestaram minha mensagem na época da publicação de *Anticâncer*.

Conseguir realizar a travessia

A terceira questão que se apresenta para mim hoje em dia é a da morte. Há vinte anos vivo com essa espada de Dâmocles[*] sobre minha cabeça e tive várias oportunidades de pensar no assunto. Evidentemente, enquanto investia muito nas atividades que me davam satisfações profundas, minha atenção era em grande medida desviada das questões supremas. Mas nunca deixei de me perguntar: "Quando a coisa voltar, será que eu vou ter tanto medo como da primeira vez? Ou será que as novas prioridades da minha vida, todas as lições essenciais que aprendi quando fui jogado no fogo, vão me ajudar a enfrentar essa prova com calma?"

Hoje, que estou mais perto desse acontecimento do que nunca, percebo que reajo no conjunto como vários pacientes que tratei como psiquiatra, doentes de câncer ou de outras patologias, que deviam enfrentar a perspectiva da morte. Como muitos deles, tenho medo de sofrer, não tenho medo

---

[*] Dâmocles era um cortesão que invejava o poder dos tiranos. Para fazê-lo entender os perigos desse poder, Dionísio (tirano de Siracusa) ordenou que, durante um banquete, ficasse suspensa sobre a sua cabeça uma espada pesadíssima, presa a uma simples crina de cavalo. Essa imagem é usada para indicar os grandes perigos que ameaçam cair sobre nós a qualquer momento. (N. da T.)

de morrer. O que temo é morrer no sofrimento. Esse medo é geral, parece-me, em todos os seres humanos e até mesmo nos animais.

Na outra noite, estava na cama, deitado do lado esquerdo, ou seja, o lado atualmente prejudicado pela progressão do câncer. Queria me virar e não conseguia. Sentia uma espécie de entorpecimento que tomava conta de meu corpo. De repente, tive medo de que aquele entorpecimento progredisse, de que atacasse meus músculos torácicos e acabasse por impedir minha respiração. Pensei: se não conseguir respirar, vou morrer. Vou morrer aqui, agora, nesta noite, desse jeito, sem ninguém por perto, sem ninguém que saiba o que está acontecendo. Então tive muito medo.

Depois, rapidamente, eu me disse que, afinal, aquele entorpecimento não era de todo desconfortável. Comparado com as dores violentas que eu sofrera nos dias anteriores, era uma sensação amena, envolvente, progressiva, como quando estamos fora e faz muito frio. Se eu tivesse de morrer daquela maneira, e não um ano depois de passar por provações infernais, no fundo não seria ruim. Aquele pensamento me apaziguou tanto, que adormeci. Ao acordar na manhã seguinte, evidentemente estava respirando... E, sobretudo, aprendera que podia viver aqueles instantes a salvo do terror.

Muitas vezes assisti meus pacientes no momento em que a esperança de cura ou de alívio dos sintomas se transmuda em outra realidade, a realidade da morte iminente. Tive o privilégio de observar como então eles entram em outro tipo de esperança, o de "morrer bem". É uma questão extremamente importante e um objetivo muito legítimo. Afinal de contas, a trajetória da vida leva à morte, desemboca na morte, e gosto de pensar, como muitos filósofos, que a vida é uma longa pre-

Podemos dizer adeus mais de uma vez

paração para esse instante soberano. Depois que a gente desiste de lutar contra a doença, resta ainda um combate para travar, o combate para morrer bem: ter a capacidade de dizer até logo às pessoas a quem precisamos dizer até logo, de perdoar as pessoas que precisamos perdoar, de pedir perdão às pessoas pelas quais precisamos ser perdoados. Deixar mensagens, arrumar as coisas. E partir com um sentimento de paz e "conexão".

Ter a possibilidade de preparar a partida é, na verdade, um grande privilégio. Os noticiários de televisão, com o seu grande número de acidentes e catástrofes, nos lembram todas as noites que a morte violenta pode surgir a qualquer instante, ceifando repentinamente a vida de suas vítimas e privando seus parentes da etapa tão preciosa do adeus.

Podemos nos preparar para esse momento crucial com a ajuda de bons "aliados": médicos, advogados e, claro, amigos e familiares. Essa provação eu sinto como vital, e para mim é também uma fonte de esperança transpô-la com sucesso. Depois disso, o que acontecerá "do outro lado"? Não sei.

No vale das sombras

Como não ficar paralisado pelo terror quando todos os prognósticos são os piores possíveis, quando todos os sinais de alerta piscam, quando todos os sintomas físicos se afinam? Há um ano penso nessa questão todos os dias. Lembro-me de um dia, no último verão, quando almocei com minha prima que foi me visitar em Colônia. Como ainda não tinha me recuperado do estrabismo, eu lhe pedi que lesse em voz alta um artigo científico dedicado ao protocolo de vacina ao qual eu estava para me submeter. Os autores explicavam que seria indispensável uma nova pesquisa, pois — a precisão causou em mim o efeito de um balde de água fria — "para o glioblastoma de estágio IV, em caso de recaída, é zero a taxa de sobrevida de 18 meses". Zero sobrevivente aos 18 meses é pouca coisa! Era a primeira vez que eu lidava com prognósticos tão drásticos. Foi meio difícil engolir o almoço.

Pouco tempo depois, meu irmão Franklin foi buscar o tumor extraído de meu cérebro para levá-lo a Lovaina, onde a vacina devia ser fabricada. Um médico que passava por lá parou surpreendido com o tamanho descomunal do tecido conservado num frasco: "É seu irmão, isso aí? Escute, não vale a pena tentar intervenções experimentais e protocolos de pesquisa no mundo inteiro. Aproveite o tempo que resta para se despedir dele."

No vale das sombras

Outro sinal vermelho: na hora em que saíamos da casa de repouso, minha mulher, muito preocupada com as estatísticas, perguntou aos médicos: "Quais são as expectativas?" A chefe da clínica respondeu em tom amistoso: "No estágio em que estão as coisas, eu aconselho a aproveitar cada dia como um presente, a não pensar em outra coisa."

Houve também uma visita calorosa de dois pastores, um no hospital e outro na clínica de convalescença. Eles passavam pelos quartos com seu altar portátil dobrado dentro de uma bolsa preta. Apesar de serem protestantes, os dois deram um jeito de me levar uma hóstia "tomada de empréstimo" a um padre católico. E os dois me propuseram a leitura do célebre Salmo 23 atribuído a Davi, "O Senhor é meu pastor".

> O Senhor é meu pastor, nada me faltará. Ele me faz deitar em verdes pastos, guia-me para águas benfazejas.
>
> Restaura a minha alma; guia-me pelas veredas da justiça, por amor do seu nome.
>
> Ainda que eu andasse pelo vale das sombras da morte, não temeria mal algum, porque tu estás comigo. A tua vara e o teu cajado me consolam.
>
> Preparas uma mesa perante mim na presença dos meus inimigos. Unges a minha cabeça com óleo, o meu cálice transborda.
>
> Certamente que a bondade e a misericórdia me seguirão todos os dias da minha vida e habitarei na casa do Senhor por longos dias.

Se um padre vai ver alguém com essa "pérola dos salmos", que é também um cântico de morte próxima, o sinal não é bom:

Podemos dizer adeus mais de uma vez

ele tomou informações, e a equipe médica não está muito otimista... Meu entusiasmo não foi maior ao receber a visita dos capelães, e esse cântico tornou-se meu escudo contra o medo.

Quando estamos mergulhados nesse grau extremo de doença, e as perspectivas são alarmantes, do fundo do psiquismo ressurgem medos infantis, irracionais, primitivos talvez. Ficamos cercados de sombras bizarras, de sinais inquietantes, de ruídos sinistros. Há alguns meses percebo que esse medo assume formas surpreendentes; adormeço com a obsessão, totalmente inesperada, de ser atacado por vampiros e lobisomens. Da última vez que essas criaturas maléficas me fizeram tremer de medo, eu devia ter 8 anos. E eis que elas voltam a povoar minhas noites.

Adivinho facilmente o que se esconde por trás dessas reminiscências folclóricas: o medo daquilo que me espera, daquilo que me persegue e quer a minha vida. Mas de nada adianta analisar friamente minhas emoções, de nada adianta não sentir medo consciente diante da possibilidade da morte, pois quando anoitece eu verifico se realmente tenho uma bomba de gás lacrimogêneo ao alcance da mão válida, para o caso de um desses predadores se aproximar demais de minha cama... E, quando as formas apavorantes se projetam nas paredes de meu quarto, repito a lição do salmo de Davi: "Estás atravessando o vale das sombras da morte. O que vês são as sombras da morte. Mas nada tens que temer, pois o Senhor é teu pastor. A mão dele está na tua, e Ele sempre estará contigo." Não estou certo de acreditar totalmente nesse providencial pastor divino, mas o Salmo 23 exerce um efeito poderosamente tranquilizador sobre minhas angústias noturnas.

Outro pensamento, que sempre foi de imensa ajuda desde que o câncer entrou em minha vida, continua fortalecendo minha alma. É quando me lembro da evidência de que, afinal,

No vale das sombras

não sou o único que deverá morrer. Não é como se eu tivesse sido injustamente punido, jogado numa masmorra, a água e pão seco. Não, todos deverão passar por isso um dia. O fato de minha vez chegar mais cedo é triste, mas não constitui uma injustiça monstruosa. De qualquer modo, tive minha oportunidade: conheci pessoas extraordinárias, conheci o amor, tive filhos, tive irmãos e amigos excepcionais, deixei minha marca. Vivi experiências muito enriquecedoras, inclusive a do câncer. Não tive a impressão de deixar passar a vida em brancas nuvens. Se ela tiver de terminar aos 50, 51 ou 52 anos, não é trágico. Viver até 80 anos sem ter realizado nenhum dos meus sonhos e de minhas aspirações, isso sim teria sido doloroso.

Quando digo essas coisas a meu oncologista, ele assume um ar preocupado e me sugere consultar um psiquiatra. Como se eu estivesse sob a influência do fatalismo, da desesperança e da rendição. No entanto, não cedo um milímetro no front de luta pela recuperação de minha saúde. Estou convencido de que estar em paz comigo mesmo e aceitar a minha finitude permite pôr toda a energia disponível a serviço dos processos inatos de cura.

Não me arrependo de nada

Meus irmãos Franklin e Édouard me fizeram uma pergunta difícil: "Se, quatro anos atrás, alguém te dissesse que, continuando a viver no mesmo ritmo, você iria direto para uma recaída, dessa vez com um tumor bem mais agressivo, você teria vivido de modo diferente?"

Respondi com toda a sinceridade de que sou capaz: "Não. É estranho, mas não. Prefiro o percurso que fiz, mesmo que ele tenha me levado à beira do precipício."

Minha resposta os deixou espantados: "Você reconhece que negligenciou gravemente as necessidades básicas do seu organismo, disse que está pronto a mudar tudo, no entanto teria escolhido o mesmo percurso insano!"

É contraditório, admito, pode até parecer insensato. Meus irmãos têm dificuldade para entender essas escolhas e me criticam por não ter tomado cuidado suficiente com minha saúde. Sem dúvida têm razão. Mas minha posição não é tão incoerente quanto poderia parecer. Estou efetivamente consciente de que não tenho saída e decidi mudar muitas coisas na minha vida. Já comecei. Mas, quando volto a pensar nos anos transcorridos, como posso esquecer quanto adorei fazer meu trabalho e quantas satisfações inesquecíveis extraí dele? Como poderia repudiar aquele entusiasmo, mesmo que ele tenha talvez contribuído para desencadear essa recaída?

Não me arrependo de nada

Tentei explicar minhas escolhas, lembrando meus esportes preferidos: são atividades que eu qualificaria de "imprevisíveis", como surfe, parapente, canoagem, esqui etc. O que gosto nesses esportes não é só o fato de serem praticados em contato com a natureza, mas principalmente de estarem submetidos aos elementos, às ondas, ao vento, às correntezas..., e de precisarem submeter-se a eles. Impossível pretender controlar o que quer que seja: a gente se joga na água ou no vazio e depois tenta navegar ao sabor dos elementos. Esse elevado grau de incerteza, esse jeito de "ao deus-dará", satisfaz meu temperamento e eu aceito seus imprevistos e acidentes. No espírito desses esportes há uma opção de consentimento, adaptação ao mundo como ele é, de humildade mesmo, que, guardadas as devidas proporções, me lembra as grandes intuições das filosofias orientais.

Devo confessar que me ocorre perceber minha recaída como um novo desafio apaixonante, quase vivificante. É como se uma onda enorme tivesse destruído a minha rotina e me lançado no mar bravio. Sou assim obrigado a me fazer perguntas essenciais, a fazer revisões radicais, a explorar territórios "virgens", ao mesmo tempo que batalho para manter a cabeça fora da água. Seja qual for o resultado, a aventura terá sido apaixonante.

Disso não se deveria concluir que não sinto pavor. Na realidade sinto um medo tremendo. Mas, ao mesmo tempo, sinto uma espécie de empolgação. Talvez eu estivesse viciado em emoções fortes e no tsunami hormonal que elas desencadeiam no organismo... Enfrentando há tanto tempo uma doença que por definição é mortal, passei a vida lutando e conheci a perigosa embriaguez daqueles que acreditam ter "vencido a fatalidade". Ora, a última palavra é sempre da bio-

Podemos dizer adeus mais de uma vez

logia, e era muita presunção esquecer isso. Mas essas lutas exaltantes inocularam em mim um gosto provavelmente excessivo pelas provas supremas e pelas experiências "difíceis de viver".

Num plano mais intelectual, essa tendência foi alimentada pelas polêmicas homéricas, às vezes, que precisei travar para defender as posições presentes nos livros *Curar...* e depois em *Anticâncer*. Essas batalhas literalmente "carregaram" minha vida de sentido, como se eu estivesse o tempo todo conectado a uma tomada elétrica. Tal "saturação" de sentido é uma experiência única à qual me foi impossível renunciar.

Mas eis que me falta responder às seguintes perguntas desconfortáveis: Será que "forcei demais" a mão? Será que estabeleci as devidas prioridades? Será que minha vida foi capaz de criar valores? Ela merece ser continuada? Em que condições? Se eu tivesse de refazê-la, por onde deveria começar? Espero ter tempo de encontrar as respostas.

Aprendizado da coragem

Meu pai, Jean-Jacques, tinha métodos próprios para nos "ensinar a ter coragem". Lembro-me de um período que passamos na Flórida, quando todas as noites, na hora em que o mar fica mais calmo, ele me levava a bordo de um barco de esqui aquático para me iniciar nesse esporte. Eu sabia que havia tubarões no pedaço. Durante o dia já era bastante amedrontador. Tarde da noite, eu me borrava de medo. Mas, com ou sem tubarões, eu precisava pular na água, senão meu pai se encarregava de me jogar. Ele não tinha medo dos tubarões. Eu só precisava fazer como ele. Explicava-me: os tubarões preferem comer peixes a comer crianças, e há pouquíssimos acidentes. Ele achava que para fazer esqui aquático vale a pena assumir alguns pequenos riscos. Nem é preciso dizer que eu estava muito motivado para sair da água com a velocidade de um raio, ficar muito concentrado no equilíbrio e aprender rapidamente a não cair... Nada provoca mais adrenalina do que esquiar no lusco-fusco sobre águas negras, onde a gente acredita adivinhar a sombra de um tubarão. Nada. Nem mesmo uma gravíssima recaída de câncer.

Eu tinha 12 ou 13 anos na primeira vez em que meu pai me levou para fazer heliesqui nos Pireneus: um helicóptero nos transportava para o alto da montanha e nos deixava no cume de uma geleira. Era preciso descer de esqui, evitando as

Aprendizado da coragem

inúmeras fendas e os detritos que cobrem a superfície. Era isso o que dava graça ao exercício. Uma vez, um dos meus esquis ficou preso em uma grande pedra, saiu do pé, e eu desabei de uns 50 metros talvez. Senti um medo tremendo. Na vez seguinte, menos medo. Quando passamos por algum risco e sobrevivemos, deixamos de ficar paralisados diante do perigo. "Aprendemos a ter coragem."

Era exatamente o que meu pai queria, meu pai que era de uma audácia maluca. Não só nos esportes de deslizamento, entre os quais sua predileção era pelo esqui radical em terreno propenso a avalanches. Por volta de 1940, quando fazia o colegial em Grenoble, escalou a fachada do liceu e arrancou a bandeira com a suástica que estava suspensa acima do portal. Tinha 15 anos e usava um calção do Exército inglês... Nos momentos críticos em que é preciso "resistir" à adversidade, a ideia de ter aquele sangue nas veias, de ter sido treinado na luta por aquele osso duro de roer é de grande ajuda. A gente continua sentindo um medo terrível, claro, mas sabe que não vai se deixar paralisar por ele. A coragem que meu pai me ensinou consiste em "aguentar firme" mesmo tremendo como vara verde, e não em fingir que não sabe o que é medo.

Formado que fui nessa escola de bravura que flerta com a temeridade, era bem normal me meter em encrencas na infância. Por exemplo, aos 12 anos, fui com um amigo fazer slalom selvagem com esqui entre enormes piquetes de sinalização, e quebrei o fêmur num piquete de aço depois de derrapar numa placa de gelo. Três meses de imobilização forçada me deixaram agoniado, mas não serviram para me escarmentar.

Aos 15 anos, cometi uma asneira muito mais custosa. Decepcionado por ter perdido uma competição de natação, decidi me consolar dando uma volta a cavalo. Só que o único

Podemos dizer adeus mais de uma vez

pangaré disponível, não domado, estava estacionado num campinho com uma simples corda no pescoço. De raça espantadiça, ele tinha a peculiaridade de se livrar do cavaleiro arremetendo para um obstáculo e estacando de repente. Mas a vontade era grande demais. Eu mal tinha conseguido montar, quando ele disparou e galopou como um louco em direção a uma macieira. Pensei com os meus botões: "Eu sei o que você vai fazer, você não me pega", e me agarrei ao pescoço dele. Mas ninguém controla um cavalo xucro sem sela, freios nem rédea. Chegando diante da macieira, decolei como uma bala de canhão, girei no ar e fui cair contra o tronco. Aquela queda poderia ter me matado. Felizmente, foi a perna que recebeu o tranco. Acabei debaixo da árvore, com o pé esquerdo absurdamente erguido diante do meu nariz. E sofrendo uma dor infernal. Era uma terrível fratura exposta. Gritei, mas estava longe demais do caminho para ser ouvido. Depois de uma hora interminável, um colega acabou por me descobrir e avisou meus pais.

Meu pai ficou muito triste por me ver sofrer. Mas não me deu bronca. Não disse: "Veja se toma mais cuidado." Para ele aqueles reveses eram inerentes aos riscos inevitáveis do ofício de viver. Estava convencido de que golpes assim forjam o caráter. Da sua formação de piloto de caça, ele conservara um estilo de vida militar e uma fascinação inesgotável pela estrutura, pela hierarquia, pelas missões e pelos objetivos militares. No plano ideológico, em compensação, tendia ao antimilitarismo e, sobretudo, ao anticolonialismo. Isso lhe deu a oportunidade de mais uma batalha, dessa vez conduzindo no jornal *L'Express* uma campanha veemente contra a guerra da Argélia — da qual ele participara corajosamente, mas contra a vontade — e contra a tortura. Ele não denunciava apenas uma guerra iníqua:

Aprendizado da coragem

defendia, pura e simplesmente, a abolição do serviço militar, que "fazia gente demais perder tempo demais".

Fui modelado, com rigor, por esse homem apaixonado, plasmado de paradoxos, cuja vida para mim se tornou, com o tempo, uma espécie de reservatório de inspiração e uma fonte de energia moral. O fato de tê-lo visto falar com frequência em público e defender suas ideias diante de auditórios tumultuados me ajudou imensamente a enfrentar debates às vezes virulentos. Muito jovem entendi que essas batalhas fazem parte não do jogo — não se trata de brincadeiras —, mas do esforço, do trabalho.

Mesmo histórias que só conheci por ouvir falar me estruturaram extraordinariamente. Percebi isso quando sofri um acidente bastante sério ao fazer parapente. A certa altura o vento amainou bruscamente, e eu vi que se aproximava um pequeno bosque. Acreditei que teria uma chance de passar bem por cima, mas de repente percebi que não, que eu não tinha altitude suficiente. Ao ver que avançava em minha direção, numa velocidade impressionante, a árvore contra a qual eu estava a ponto de me esborrachar, surgiram como um flash na minha cabeça imagens de meu pai, como jovem piloto de caça, espatifando-se numa floresta. Com apenas 20 anos, ele fora recrutado entre os franceses livres para ser formado pela Força Aérea Americana no Alabama. Aí, um dia, ocorreu o acidente. À medida que seu P-47 se despedaçava nas árvores, os ramos saltavam em rajadas contínuas ao longo de suas asas, até que a máquina parasse de funcionar. Ele precisou sair da carcaça de um modo um tanto acrobático. Mas sobreviveu, assim como eu sobrevivi àquele acidente de parapente.

Hoje, que também sou pai, confesso ficar muito preocupado quando meu filho Sacha assume riscos imprudentes.

Podemos dizer adeus mais de uma vez

Mas também ficaria preocupado se ele não assumisse nenhum risco. Para me sentir seguro, eu preciso perceber que ele é corajoso, que algo da audácia de meu pai lhe foi transmitido através de mim. Hoje ele não precisa ir desafiar nazistas. O fato de ele andar a cavalo ou praticar surfe já basta para a minha alegria e o meu orgulho. Nesse ponto meus desejos foram inteiramente atendidos. Lembro-me da primeira vez que o levei a praticar parapente, com a idade de 8 anos. Com o instrutor atrás, ele devia correr até a beira do precipício e saltar no vazio. Eu me pusera na parte de baixo, para tirar uma foto, e consegui ver com muita clareza, no momento da decolagem, a incrível expressão de alegria que iluminava seu rosto. Fiquei muito orgulhoso naquele dia. Ele tinha ido com coragem, sem hesitações e sem muitas perguntas. Teria até ficado furioso se eu o tivesse impedido. Para 8 anos, está bom.

Gostaria muito que meus dois outros filhos, Charlie e Anna, também guardem de mim uma imagem que os ajude a se estruturar quando eu faltar, assim como eu mesmo fui moldado pela imagem de meu pai. Pude cuidar um pouco de Charlie, que nasceu dois anos antes de minha recaída, mas Anna veio ao mundo em plena tormenta. Nunca pude cuidar dela. Espero, de qualquer modo, deixar-lhe um pouco dessa determinação que foi minha melhor salvaguarda nos momentos mais duros. E, sobretudo, a convicção de que, dedicando-se de corpo e alma àquilo que fizerem, podem esperar ir longe na realização de suas aspirações.

Companheiros de luta

Penso com muita frequência no meu amigo Bernard Giraudeau, morto no último verão, exatamente no momento em que eu começava meu próprio combate contra a recaída. Bernard era um companheiro de luta e um verdadeiro exemplo para mim. Eu admirava o modo como ele conseguira abandonar seus hábitos de guloso sempre disposto a todos os excessos para se concentrar finalmente na existência que escolhera, desvencilhando-se sem contemplação de tudo o que considerava secundário ou inútil. Ele, que sabia gozar a vida, adorava rir e tinha uma verdadeira ciência dos prazeres, ensinou-me um pouco daquela alegria vital, a mim que tenho tendência de levar as coisas muito a sério.

Bernard decidira que é importante repousar, tirar férias, saborear o tempo que passa, ter uma "boa" vida. Lembro-me do verão de 2006 na ilha de Ré, onde frequentamos muito a casa um do outro. Eu morava em casa de minha cara Madeleine Chapsal, em Portes, onde Bernard tinha uma casa. Às vezes meditávamos logo de manhãzinha e depois íamos nadar juntos. Estou convencido de que, para saborear a vida até o fim, como ele fez, é preciso chegar a estar em paz consigo mesmo e com a morte.

O exemplo do psicanalista quebequense Guy Corneau também é uma grande fonte de inspiração. Há dois anos, foi

Companheiros de luta

diagnosticado nele um câncer muito grave, um linfoma no estômago, no baço e nos pulmões. Mas, graças a um programa muito estrito, que combinava tratamentos convencionais e métodos complementares, como meditação, visualizações ou certas terapias "energéticas", ele se saiu maravilhosamente bem daquela.

Contou-me rindo que, quando seu oncologista lhe anunciou que ele tinha um linfoma de estágio IV, ele não perguntou quantos estágios existem. Só depois que se safou daquela, perguntou: "E aí, quantos estágios existem?" O médico respondeu: "Quatro. O senhor estava no fim da picada..."

Guy atribui importância primordial ao aspecto mental. Decidiu mudar radicalmente de vida: saneou seu meio ambiente, eliminou todas as fontes de estresse e optou por morar em contato com a natureza. Para se tratar como pretendia, parou de trabalhar e dedicou-se de corpo e alma à meditação e às visualizações. Evidentemente, nem todos têm a oportunidade de fazer coisa semelhante. Ele, que tinha essa oportunidade, complementou-a aplicando suas novas regras de vida com determinação total. Hoje, que desapareceram todos os vestígios de tumor, ele retomou parcialmente suas atividades, decidido a não esquecer as lições do câncer.

Como Bernard e como Guy, estou convencido de que, quando somos afetados por um câncer grave, uma das tarefas mais urgentes é encontrar e conservar certo grau de calma, sem a qual os aspectos mental e físico vão por água abaixo. Uma das coisas que me ajudam mais nesse sentido é a meditação. Sei muito bem que, quando a gente pronuncia essa palavra, a maioria das pessoas pensa em "fumaça de incenso", "música espacial" e "monge tibetano sentado em posição de lótus no cume de uma montanha"... Embora muitos monges

Podemos dizer adeus mais de uma vez

tibetanos, em seus retiros nas ermidas inacessíveis, se dediquem a exercícios de alta acrobacia espiritual, a meditação não é exclusividade deles. Nós outros, simples mortais, também podemos praticar essa disciplina no nosso ritmo e na nossa medida, com um objetivo mais modesto: favorecer a nossa saúde.

Receita: rir e meditar

Os efeitos positivos da meditação estão tão bem-demonstrados, que centenas de hospitais na América do Norte e cada vez mais na Europa ensinam hoje a seus pacientes um método criado por um célebre biólogo americano chamado Jon Kabat-Zinn a partir do ioga, do zen e de práticas próximas ao budismo tibetano. Há vários anos pratico esse método chamado "consciência plena", com algumas interrupções seguidas de retomadas sempre um pouco trabalhosas no início. Mas, no conjunto, encontrei meios de reservar quinze ou vinte minutos duas vezes por dia para esse exercício vital.

Lembro que, quando Charlie nasceu e eu me levantava de manhã para trocá-lo e dar-lhe mamadeira, era um prazer depois levá-lo ao banheiro para a minha sessão de meditação. Sentado num cadeirão, ele assistia à minha sessão de ioga, e depois de meditação. Para um bebê, não deve ser muito divertido ver o pai meditar. Mas Charlie era de uma paciência angelical. Suponho que ele esperava o momento bem mais engraçado em que eu começava a fazer abdominais: cada vez que eu levantava o tronco em sua direção, ele dava gargalhadas.

A consciência plena é um conceito corrente no budismo. Mas Kabat-Zinn o despojou de qualquer referência religiosa. Conforme ele ensina, trata-se de se centrar em si mesmo e na

Receita: rir e meditar

respiração. Não é um narcisismo. "Inflar o ego" não é o objetivo da operação. Seu objetivo é obter o máximo de presença para si mesmo na dimensão física, por meio da atenção dada à respiração. Paralelamente, tende-se à rarefação progressiva dos pensamentos, até que se pense o mínimo possível. O resultado é um estado extremamente repousante, em que ficamos momentaneamente libertos da tirania do eu. É um estado que pode ser descrito como "a sensação física de sermos nós mesmos, de estarmos em paz".

Tenho o hábito de praticar a consciência plena duas vezes por dia, pela manhã e à noite, confortavelmente sentado numa almofada de meditação estofada de arroz ou trigo vermelho, com a coluna bem reta para facilitar a concentração nas sensações físicas. Atualmente, como minhas pernas estão muito fracas, sinto dificuldade para cruzá-las. Quando estou cansado demais, medito deitado, mas essa posição é menos favorável à concentração. Quando me concentro na respiração, na qualidade de meu fôlego, meus pensamentos acabam por apaziguar-se. É uma sensação extremamente gostosa. Evidentemente, o objetivo do exercício não é deixar-me num estado "agradável". É o que afirmam todos aqueles que meditam e têm razão. Mas acho que o fato de ser agradável em si é muito motivador para incentivar a assiduidade.

Não ignoro que a meditação é muito abstrata quando a gente ainda não experimentou. Para aqueles que contestam, dizendo que isso representa uma obrigatoriedade em termos de tempo e energia, Kabat-Zinn responde: "Quanto maior for o número de problemas, maior a necessidade de meditar. Quanto mais complicada for nossa vida, mais precisamos meditar — para ajudar a administrar os problemas e as complexidades." Na minha prática, há muito o tempo já não é proble-

Podemos dizer adeus mais de uma vez

ma, pois sei que esses poucos minutos investidos na consciência plena me renderam o cêntuplo em termos de bem-estar mental e físico. É como ter um cachorro: a gente o leva para passear todas as manhãs sem se perguntar se está chovendo ou ventando, se está de trabalho até o pescoço ou se não tem nada para fazer. Com a meditação, é mais ou menos parecido: aconteça o que acontecer, sabemos que vamos nos alimentar de ar fresco todos os dias.

Há algumas semanas, incentivado pelo exemplo de Guy Corneau, tento acrescentar à minha prática um elemento de visualização. Trata-se de um método mais "ativo" do que a consciência plena, que consiste em visualizar os pensamentos negativos, como medo ou raiva, na forma de uma fumaça preta exalada a cada expiração. A cada inspiração, em contrapartida, a gente tenta inalar a cor branca ou cores "positivas", "vivas", amarelo, vermelho, azul muito vivos. Essa antiga técnica budista me foi ensinada por um médico tibetano residente em Paris. O objetivo do exercício consiste em "limpar-se" das emoções negativas, "exalando-as" até que a fumaça se torne branca, "viva" e alegre.

O método não é considerado "espiritual" pela tradição tibetana. Não visa a aproximar da essência búdica, por exemplo. É um exercício de ioga mental, que se considera capaz de combater todos os tipos de doença. É, de algum modo, um "genérico" da medicina do Tibete. Seu "modo de ação" não consiste em atacar determinado fator patológico atuante em dada doença, mas em auxiliar nos processos inatos que "fabricam" saúde.

Tento praticar esse método todos os dias, embora confesse ter mais dificuldade com os exercícios de visualização do que com a pacificação conhecida da consciência plena. Mas,

Receita: rir e meditar

em geral, esforço-me por ficar o máximo possível concentrado nas minhas sensações íntimas, atento aos pequenos movimentos da alma que indiquem um início de crispação, uma alegria fugaz. É importante conhecer bem nossa própria "paisagem interior", saber em todos os momentos se estamos na zona de serenidade ou na zona de estresse, saber em que momento ocorre a mudança e por qual razão. Tento discernir, detectar as fontes de tensão, aprendo a evitá-las o máximo possível.

Paralelamente, procuro identificar o que reduz a pressão e recorro a tais coisas sempre que posso. É preciso que haja atenção, concentração e não pouca determinação. Depois de ter durante tanto tempo investido toda a minha energia na minha atividade, estou aprendendo a explorar passo a passo o território secreto da serenidade. Vindo de onde venho, é bem difícil, mas estou fazendo progresso.

Cultivar a gratidão

Uma autora de quem gosto muito, Rachel Naomi Remen, conta em seu livro *Histórias que curam* o caso daquela mulher que tinha câncer e ia sozinha às sessões de quimioterapia. Quando saía de lá, às vezes estava passando tão mal, que precisava parar o carro para vomitar na sarjeta. Rachel lhe pergunta: "Por que a senhora não pede a uma amiga que a acompanhe?" "Minhas amigas não são médicas nem enfermeiras, elas não entendem nada disso", explica a mulher. "Não adianta incomodá-las." Rachel então responde: "Claro que adianta. Adianta para combater a solidão e a tristeza. Assim como uma mãe consola o filho que arranhou o joelho dando-lhe um beijo no dodói. Ele precisa mais disso do que de água oxigenada e curativo. O beijo não trata o sangramento, trata a solidão e o sofrimento."

Durante os dias difíceis, em Colônia, quando me recuperava da operação a que acabara de me submeter, muitos amigos foram me visitar e compartilharam uma refeição, algumas horas ou um dia com o convalescente que era eu então. Não eram médicos, mas sua presença foi de grande ajuda. Não é tão difícil falar com uma pessoa que luta contra a doença. É preciso ouvir o coração e dizer simplesmente: "Lamento muito o que lhe está acontecendo. Isso me deixa muito triste. Espero que você saia dessa bem depressa. Diga o que posso fazer para ajudar." Às vezes um simples contato físico, como pôr a mão sobre a mão do doente, sobre seu ombro, pode ser suficiente. Um contato que expresse de modo direto: "Estou aqui, ao seu lado. Sei que está sofrendo. É importante estar presente para você."

Lembro-me, nos dias que se seguiram à operação, da ligação de minha prima Pascaline. Eu ainda estava muito cansado e precisava dormir para me recuperar. Como ela estava ligando do outro lado do mundo, meu irmão assumiu a responsabilidade de me acordar. Falei com ela muito rapidamente, mas ela me disse tudo o que eu precisava ouvir: "Quero que você se cuide bem e conto com você para sair dessa, porque te amo e preciso que você continue na minha vida. Sofro muito por você precisar atravessar o que está atravessando. Sei que vai conseguir." A conversa não foi comprida, mas foi perfeita.

Quando a invalidez se instala, manter a dignidade é cada vez mais difícil para o doente. A gente se torna dependente em coisas tão bobas quanto vestir uma cueca. Muitas vezes somos expostos na intimidade. Também nisso é preciso saber dizer coisas muito simples: "Espero que você não se incomode se eu fizer isso ou aquilo." Evidentemente, às vezes somos obrigados a fazer as coisas bem depressa, como por exemplo acabar logo o banho porque o almoço está chegando. A armadilha está em cair num processo mecânico. Mas para a pessoa que tem determinação nada é mecânico, e o que ela mais teme é ser tratada como bebê ou como animal.

O doente, por sua vez, deve reconhecer que a tarefa da família escapa à rotina. Ninguém está acostumado a dar banho em adulto, a ajudá-lo a ir ao banheiro, mesmo em se tratando de marido, irmão ou mãe... Os parentes que se devotam

Podemos dizer adeus mais de uma vez

também precisam que seu senso de intimidade seja preservado e que seu devotamento seja reconhecido.

Quando "a etiqueta familiar" é respeitada por ambas as partes, quando o doente tem a sensação de estar bem-cuidado e bem-cercado, o perigo de cair no pessimismo diminui. Em psicologia, as pesquisas mais inovadoras hoje estão focalizadas num estado muito benéfico para a saúde física e mental que durante muito tempo foi negligenciado: o otimismo. Minha receita para preservar meu capital de otimismo é concentrar--me naquilo que vai bem. A cada dia, passo em revista todas as coisas, grandes e pequenas, que foram agradáveis, que me deram prazer, alegria ou simplesmente diversão, e sinto reconhecimento. Cultivo conscienciosamente meu sentimento de gratidão. Não preciso fazer tanto esforço: adoro comer, gosto dos "bons" alimentos e tenho a sorte de contar com excelentes refeições anticâncer em todos os aspectos, preparadas com amor por minha cara Liliane, que governa nossa vida familiar há cinquenta anos já. Gosto muito de ouvir música também. Gosto de ver e rever certos filmes. Gosto de encontrar e reencontrar certas pessoas. Sinto prazer todos os dias, várias vezes por dia. Tenho muita sorte.

Momentos preciosos

Quando não se tem esperança, tudo se paralisa, até a vontade de continuar os tratamentos, comprometendo a própria sobrevida. Pessoalmente, vivo ainda muito da esperança de que meus sintomas melhorem, apesar de sua gravidade. Empenho-me enormemente no esforço de alimentar a vida no meu próprio íntimo, de fortalecer meus músculos, de acalmar a dor de cabeça e de manter a serenidade. Trabalho para continuar em contato com as pessoas que amo e para me concentrar em tudo aquilo que me propicia prazer de viver. Essas fontes de esperança eu cultivo atentamente. São elas que dão vontade de viver até amanhã, depois de amanhã, depois e depois de amanhã... Estou convencido de que é preciso fazer de tudo para ajudar os doentes a conservarem sua capacidade de ter esperança. Não se trata de lhes contar mentiras piedosas, pois não é necessário disfarçar a verdade para dar esperança.

Uma das fontes de esperança, quando a invalidez se torna muito dura, quando o estado geral se deteriora, é o prazer que se pode sentir em contato com os parentes. No meu caso, quando vejo meus filhos e minha mulher, é dia de festa! Mesmo um simples animal de estimação pode iluminar a monotonia da doença. Há muito tempo precisei passar por uma quimioterapia extenuante durante 13 meses. Encontrei um meio

Momentos preciosos

nada ortodoxo de acalmar minhas terríveis náuseas: era dormir perto do meu cachorro e acariciá-lo de vez em quando. Era como se ele entendesse que desempenhava um papel importante na minha luta pela saúde. Todas as manhãs eu ia correr com ele. Ou melhor, ele tomava tão a peito a sua missão, que seria mais correto dizer: "Ele me levava para correr todas as manhãs."

Eis aí algo que meu gato Titus não pode fazer, claro. Mas ele me faz companhia fielmente e me dá o imenso presente de dormir encostado às minhas pernas. Obrigado, Titus, com você eu me sinto menos sozinho à noite.

Ao lado dessas fontes de alegria, há também os pequenos prazeres da vida; os mais gratificantes para mim sempre foram as atividades físicas. A ideia de que provavelmente deverei renunciar a todos esses esportes que adoro — bicicleta, surfe, parapente... — me entristece infinitamente. Até mesmo andar se tornou difícil. Preciso me contentar hoje em dia com os prazeres mais passivos, como ver um bom filme ou bater papo com as pessoas de quem gosto. Acho que é já uma grande sorte. Também sinto muito prazer em comer, o que é um formidável motor de esperança. Quando o apetite desaparece por causa da náusea, por causa da retração do estômago, a força da vida sofre um sério golpe.

Outro dos modestos prazeres aos quais me apego muito é o riso. Na primeira vez em que esse câncer foi diagnosticado, uma das raras pessoas que estavam a par me viu por acaso na rua, rindo com meu irmão. Essa pessoa me olhou com cara de enterro, com jeito de quem diz: "Mas como é que ele pode rir se acabou de saber que tem um câncer no cérebro?" Aquele olhar me deu um frio na espinha. Pensei cá comigo: "Se preciso parar de rir porque tenho um câncer, então já estou morto." E entendi

Podemos dizer adeus mais de uma vez

que nunca, mas nunca mesmo, se deve abandonar a preciosa capacidade de rir do fundo do coração. Mesmo quando estamos sofrendo de uma doença fatal, sobram muitas oportunidades de rir, e eu recomendo efusivamente aproveitá-las.

A tentação de Lourdes

Quando saí de Pittsburgh para voltar à França, meus amigos e colegas que estavam a par do meu câncer me fizeram jurar que iria a Lourdes. Nos Estados Unidos, essa peregrinação é tida em alta conta, e a ideia de estar no sudoeste da França sem passar pela gruta de Bernadette Soubirous parece inconcebível. Embora eu tivesse me comprometido a lhes levar água de Lourdes, não cumpri imediatamente minha promessa. Foi o acaso que afinal fez as coisas. Eu tinha ido fazer parapente com meu irmão Édouard nos Pirineus. O vento estava bom, pensamos: por que não dar um pulo em Lourdes? E foi assim que descobri uma maneira inteligentemente concebida de mobilizar os recursos inatos em favor da saúde, por parte daqueles que recorrem ao santuário de Lourdes. Porque o percurso da peregrinação põe em ação emoções poderosas — preocupação, confiança, surpresa, sentimento de comunhão —, reforçadas pela atmosfera geral de introspecção, fervor e expectativa, tudo potencializado pela intensa cascata sensorial orquestrada pelo ritual. Em suma, em Lourdes se encontra um impressionante concentrado de ação corpo-espírito.

O périplo começa com uma confissão. Pega-se um tíquete e espera-se a chamada numa imensa sala que se parece com um saguão de estação, com fileiras de confessionários, em cada

A tentação de Lourdes

um dos quais há indicação da língua falada pelo padre — quase todas as línguas estão disponíveis. Depois disso, a pessoa é recebida para uma breve conversa com um religioso que explica como tirar o maior proveito daquela visita. A seguir, deve-se sofrer um pouco esperando a vez debaixo do sol, antes de penetrar na construção das piscinas. Então a gente se prepara para o momento culminante da peregrinação: é preciso tirar as roupas e ficar apenas com uma simples toalha de banho. Todo mundo treme, não só por causa do frio súbito depois do sol forte de lá de fora, mas também por causa das reminiscências ameaçadoras que aquela multidão de pessoas despidas pode despertar. O fato de ficar "nu diante do Senhor" também desencadeia uma emoção intensa e rara, feita de humildade e confiança. Aí então, dois "hospitalários" voluntários agarram a pessoa e a atiram de repente na água gelada, orando em voz alta. Momento de vertigem e angústia!

O ritual de purificação termina no fim do dia com uma grande procissão extremamente comovente, seguida de uma celebração em latim, se bem me lembro, com legenda em várias línguas, que são projetadas numa tela de retransmissão. Todo mundo repete em coro as preces cantadas. Impossível não ficar comovido com aquela sinceridade, com aquela busca íntima que mistura sofrimento e fé. Imerso naquela multidão fervorosa, fui capaz de sentir uma energia de uma espécie rara, ao mesmo tempo muito humilde e portadora de uma poderosa dimensão de solidariedade, totalmente voltada para a esperança de cura.

Daquela breve visita a Lourdes guardo uma impressão muito forte e gostaria de poder voltar lá. O médico que há em mim não pode abster-se de ver lá um excelente "investimento" de saúde: é de acesso fácil, quase gratuito, desprovido de efei-

Podemos dizer adeus mais de uma vez

tos colaterais, e, quando "funciona", funciona realmente, embora o resultado não seja garantido. Mas, afinal, nenhum tratamento oferece garantia... E o que é mais importante: aquele ritual, afinado por um século e meio de prática, me pareceu um apaixonante exemplo de método para mobilizar nossas capacidades inatas de cura.

Como abordar o tabu

Durante muitos anos trabalhei como psiquiatra nos Estados Unidos, mas não atuei em hospitais psiquiátricos onde são tratadas pessoas afetadas por transtornos mentais, e sim num hospital de clínicas, onde são tratados pacientes que sofrem de todos os tipos de doença física. Em nossas sociedades desenvolvidas, o hospital é o lugar onde também há pessoas que estão chegando ao fim da vida. Esses pacientes, que precisam enfrentar fortes dores, náuseas persistentes, incapacitação etc., muitas vezes apresentam sinais de angústia, depressão, ideias suicidas... Automaticamente, chama-se o psiquiatra. Em vez de recorrer a belas teorias abstratas, eu me concentrava inteiramente no esforço de tratar o desconforto físico. Com os bons medicamentos e a visita diária que eu lhes fazia, o estado psíquico de meus pacientes melhorava quase naturalmente.

Assim, consegui tratar numerosos doentes em estágio terminal. Acompanhava a deterioração de seu estado, via que pioravam a cada dia, mas, quando o fim chegava, eles se apagavam de mansinho. Eu quase diria que a morte deles transcorria "muito bem" e que, no momento de entregarem a alma, tinham de algum modo um ar "feliz". Acredito que a maioria deles vivia a morte como uma transição, uma passagem da vida que conhecemos para alguma outra coisa que não conhe-

Como abordar o tabu

cemos. Uma transição semelhante ao nascimento, mas em sentido inverso.

Esses exemplos sempre me pareceram animadores e mesmo consoladores. Demonstram que o sofrimento não tem presença obrigatória, contrariando a crença corrente de que morrer dói, de que "passar pela porta estreita", em si, gera sofrimento. As pessoas pensam no famoso ricto* dos agonizantes, interpretado como expressão de dor. Na realidade, na hora da morte, todos os músculos se contraem; os do rosto criam então transitoriamente esse ricto. Mas eu sei, por ter visto isso muitas vezes, que ele é rapidamente substituído por uma expressão de grande paz. A morte não é dolorosa em si e até ocorre, na maioria das vezes, numa atmosfera tranquila, como se a pessoa adormecesse.

Em compensação, certas doenças terminais podem ser extremamente dolorosas, e é disso que devemos tratar. Felizmente, hoje a medicina tem meios de aliviar quase todas as dores. Os médicos devem fazer um esforço especial para instituírem o tratamento necessário, mas a dor já não é uma maldição. O problema desses medicamentos é que, em altas doses, podem induzir confusão mental e destruir aos poucos a consciência de si mesmo e da vida. Muitos temem o efeito dessas substâncias, e eu os entendo. Tais pessoas precisam de toda a lucidez para continuarem sentindo o amor e o apoio da família. Ou para se despedirem dos mais próximos. Mas, no conjunto, a morfina, do modo como sabem administrá-la atualmente, é capaz de combater eficazmente a dor. É tranquilizador saber disso.

---

* Contração dos músculos da face e da boca.

Podemos dizer adeus mais de uma vez

Toda a minha experiência me leva a acreditar que, para enfrentar melhor a doença, é indispensável refletir sobre a morte. Essa questão na realidade é uma obsessão para todos os que sofrem de problemas graves, como o câncer, mesmo que não falem do assunto. A partir do momento em que alguém diz: "Tenho câncer, estou fazendo este ou aquele tratamento", a morte faz parte do quadro. Impossível negá-lo. Estou convencido de que é preferível trazer o assunto à baila, considerá-lo em todas as suas dimensões, práticas e simbólicas, para que, ao chegar a hora, tudo se desenrole da melhor maneira possível. No ponto a que essas pessoas chegaram, no fundo esse é "o" assunto mais importante da vida, e seria melhor que não o deixassem passar em branco.

Mas, ao mesmo tempo, o simples fato de falar disso pode provocar no paciente a impressão, muitas vezes falsa, de que seu fim é iminente, o que pode causar enorme angústia. Por isso, quem cerca essa pessoa tende a evitar o assunto enquanto o estado dela ainda não está nitidamente deteriorado. Mas aí muitas vezes é tarde demais, pois o doente não terá condições de falar ou mesmo de pensar sobre o assunto.

As conversas com meus pacientes me ensinaram que não existe hora "certa" para abordar o assunto. Isso pode ser feito a qualquer hora, desde que o doente não seja agredido, que não lhe passem a impressão de que "está desenganado", que se fique na ambiguidade e na nuance, mesmo que não seja simples. Sim, a morte pode ocorrer, mas não se pode apostar nela já de cara, e a cura nunca está excluída.

Com os pacientes terminais, nas visitas diárias eu preparava o momento de poder finalmente perguntar: "De vez em quando você pensa no que aconteceria se o tratamento não funcionasse?" Assim se abria caminho para mencionar a possibilidade de falecimento, o que me permitia avaliar o nível da angústia que sentiam e determinar se havia medos que pudéssemos tentar neutralizar.

Para certas personalidades muito frágeis, pensar na própria morte é inimaginável. Está propriamente acima de suas forças. Essas pessoas não podem ser violentadas. Mas esses casos são bem raros. Pude constatar que, ao contrário, a imensa maioria das pessoas recebia a pergunta quase com alívio. A morte sem dúvida lhes dava medo. Mas, como não queriam jogar esse peso sobre os familiares, ficavam terrivelmente sós com sua angústia. Estavam à espera da autorização para falar sobre o assunto.

Quebrado o tabu, a atmosfera não deve cair na melancolia. Logo depois a gente deve ver junto um filme cômico, contar piadas infames, compartilhar uma boa refeição e, principalmente, continuar vivendo. Não é útil ficar falando o tempo todo sobre o assunto, pois isso seria tão insuportável quanto receber a extrema-unção todos os dias.

Testamento gratificante

A tarefa mais difícil e mais temível, sem dúvida, consiste em tomar as decisões referentes ao futuro dos filhos. É preciso se sentar com o cônjuge e dizer: "Sabe, preciso falar com você sobre um assunto difícil... Não sei quanto tempo ainda vou estar por aqui. É querer tapar o sol com a peneira fazer de conta que vai correr tudo bem. Há coisas que a gente pode prever para nossos filhos. Se você concordar, fique sabendo que para mim é mais tranquilo falar disso, saber que as coisas estão em seus devidos lugares. E só você pode me ajudar a fazer isso." É uma conversa emocionante, profundamente tranquilizadora também. Sou testemunha disso. O fato de não estar mais aqui para ver meus filhos crescer e para protegê-los é motivo de grande dor para mim. A única ideia que tem o poder de me tranquilizar é que os deixo com uma excelente mãe, que saberá amá-los e protegê-los.

Nesses instantes carregados de emoção, deve-se tentar não "exagerar na dose", evitar cair na armadilha do sofrimento patético. É natural pensar na dor dos que ficam, porém sentimentalismo demais pode provocar ideias pessimistas, que são inúteis e perniciosas. Concentrar-se no aspecto prático, ao contrário, é muito benéfico, pois a ação concreta é sempre preferível às ruminações negativas. Pode-se falar dos funerais, do lugar onde se quer ser enterrado, do testamento.

Testamento gratificante

Essas questões geram muito menos angústia do que se pensa.

Fiquei muito surpreso ao descobrir até que ponto a redação de um testamento pode ser gratificante. Ela cria um sentimento de domínio total e, ao mesmo tempo, de generosidade, doação, transmissão. Também me lembro de uma conversa recente com meu irmão Édouard, em que demos muita risada enquanto fazíamos uma lista das músicas e canções que seriam tocadas enquanto — não tenho pressa... — eu estivesse agonizando.

Confesso que me ocorre com frequência pensar no meu enterro, mas não de um modo mórbido. Se ousasse, quase escreveria o roteiro de meus funerais. Com todos aqueles participantes que estarão de ótimo humor e dirão tantas palavras gentis a meu respeito, com uma atmosfera transbordando de benevolência. Nada de polêmica agressiva, nada de ataques gratuitos. Esse será como que o ponto culminante de minha vida, uma espécie de apoteose. Que pena ser o único que não assistirá a tal evento! Mas até agora resisti à tentação e me abstive de ditar essas instruções. Será que estou realmente na melhor posição para cuidar desses detalhes?

Minha longa experiência na assistência a moribundos talvez me tenha endurecido um pouco diante do terror da morte. No entanto, não esqueço que se pode perder toda a bela serenidade na hora H. Embora tenha visto muita gente apagar-se tranquilamente, às vezes vi algumas pessoas, às quais não faltava coragem, morrerem em meio à angústia. Não está excluída a possibilidade de isso me acontecer também. Vou evitar ser arrogante nesse ponto. E peço aos meus entes queridos que não me queiram muito mal se perceberem que senti medo às portas da morte.

O sopro de Emily

Emily, que morreu com 24 anos, há muito tempo é uma espécie de anjo da guarda, de sombra benévola a pairar sobre minha vida. Era uma jovem maravilhosa que eu tive o privilégio de atender como psiquiatra há muitos anos, no hospital de Pittsburgh. Sofria de uma forma raríssima de câncer, um tumor das glândulas suprarrenais que havia subido pela veia cava e invadido o coração. Bonita, sorridente, amável, muito inteligente e extremamente generosa, estudava na Universidade de Harvard quando ficou sabendo da doença. Especializava-se em educação e, apesar de ser herdeira de uma das maiores fortunas de Pittsburgh, depois de se formar queria trabalhar nas escolas dos bairros carentes. Era também uma grande esportista: fora campeã de remo.

Durante os últimos meses de sua vida, tive a oportunidade de estar com ela muitas vezes. Eu a ajudava como podia para aliviar os resíduos de sofrimento psíquico deixados pelos traumas da infância. Fazíamos hipnose e EMDR.* Apesar do medo de morrer, apesar da dor física, ela conservou até o fim uma serenidade profunda e uma capacidade excepcional de estar

---

* EMDR – *Eye Movement Desensitization and Reprocessing* [dessensibilização e reprocessamento através de movimentos oculares] é um método auxiliar no tratamento de traumas psíquicos. (N. da T.)

O sopro de Emily

inteiramente voltada para os outros. Era espantoso, quase desestabilizador, vê-la. Ela era deslumbrante, radiante como uma santa. Eu não era o único que sentia respeito e gratidão infinita por ela. Todos os que a conheceram guardam a impressão de que ela manteve, de um modo misterioso, contato com aqueles que a ajudaram no fim da vida, e que, de lá onde está hoje, tenta corresponder ajudando-os nas provações da vida.

Depois de uma perigosa operação que quase lhe levou a vida, Emily ficara muito tempo na UTI, até que sua situação voltasse pouco a pouco ao normal. Mais tarde, ela me contou a experiência espantosa que vivera enquanto estava entre a vida e a morte. As lembranças eram bem precisas: ela estava num túnel e, na extremidade daquele túnel, havia uma luz branca muito apaziguante que a atraía. Mas sua hora não tinha chegado: contra a vontade, ela precisou retornar e reassumir seu pobre corpo mortificado.

Quatro ou cinco pacientes meus contaram coisas semelhantes. Expressavam-se espontaneamente, sem que eu provocasse. Devo dizer que no início até desconhecia a existência de tais fenômenos, na época ausentes do currículo dos estudos de medicina. Hoje são mais conhecidos, e estima-se que de 8 a 15% da população (conforme o país) passou por esses estados-limite, conhecidos com o nome de EMI (experiência de morte iminente). Esse número está aumentando, no mínimo por causa da eficácia crescente das técnicas de reanimação depois de paradas cardíacas, que permitem salvar cada vez mais vidas. O termo "iminente", aliás, é um tanto inexato, pois a maioria desses pacientes passou por uma verdadeira morte clínica antes de "voltar à vida".* Em sentido próprio, são "ressuscitados".

---

* Em português também se usa a sigla EQM, ou experiência de quase morte. (N. da T.)

110

Podemos dizer adeus mais de uma vez

Desde as obras dos pioneiros dos anos 1970, a suíça Elisabeth Kübler-Ross e o psiquiatra americano Raymond Moody, os trabalhos de pesquisa se multiplicaram. Foram propostas várias explicações para os EMI, desde a hipótese alucinatória até a da consciência que sobrevive à morte. Todos os estudos concordam num ponto: seja qual for a origem étnica ou religiosa, seja qual for a época (o mito de Er* em Platão poderia ser um dos mais antigos testemunhos), seja qual for a interpretação dada pela pessoa que vivenciou a experiência, certos fatores estão quase sempre presentes: passagem que leva à luz; luz amorosa; sentimento de paz, de alegria celestial; parentes e amigos mortos esperando na saída do túnel; vontade de "ficar" com eles; retorno "imposto"...

Meus pacientes também passaram por um episódio de morte clínica, da qual foram arrancados pelo empenho das equipes médicas. Em geral, posteriormente seu estado sentia os efeitos da experiência: de qualquer modo, era excelente para a saúde morrer, mesmo transitoriamente. Mas quase todos afirmavam que, graças àquela experiência, já não tinham medo nenhum da morte e até anteviam esse momento com prazer... Alguns falavam da experiência de um modo desconcertante, mais ou menos como se tivessem feito uma grande viagem ao Japão e tivessem voltado... Como eram oriundos de ambientes muito diversificados e de regiões muito diferentes dos Estados Unidos, suas interpretações divergiam quanto à definição da famosa luz branca: era Jesus, Deus ou apenas o Amor... Mas todos a haviam sentido como uma extraordinária energia afetuosa que os mergulhara numa felicidade que tinham muita dificuldade para descrever. Só tinham "voltado" porque a isso haviam sido "obrigados"...

---

* Er, um armênio, foi considerado morto em combate, mas ao fim de alguns dias voltou à vida e contou o que viu no além. (N. da T.)

Luz branca

Avistando seus entes queridos já falecidos na auréola da luz de amor, os "viajantes" dessas experiências de quase morte só tinham uma vontade: ficar "do outro lado". Explicavam que, nos dias e nas semanas anteriores, aqueles seres amados tinham começado a aparecer em seus sonhos ou a fazer-lhes visitas como "fantasmas" amistosos, ou então a insinuar-se em seus pensamentos involuntários. Era como se quisessem prepará-los para a grande passagem. E, chegado o dia, aqueles avós, pais, irmãos ou esposos falecidos estavam ali, no fim do túnel, para acolhê-los. Meus pacientes ficavam tão contentes por reencontrá-los! Mas alguém dissera: "Você não está pronto, precisa voltar para a terra." E eles tinham acordado na cama do hospital, com a impressão terrível de terem sido expulsos do paraíso.

Embora espantado, sobretudo no início, com essas histórias de além-túmulo, sempre me abstive de considerar que aqueles pacientes estavam "loucos". Em psiquiatria, o conceito de "loucura" é bem preciso. Refere-se a crenças e comportamentos que 1) não são necessários ao funcionamento da pessoa e 2) causam-lhe prejuízo. Portanto, não basta que alguém demonstre ter crenças e comportamentos inabituais para merecer o qualificativo de "louco". Pode tratar-se de alguém que esteja um pouco "à margem" de sua época (um excêntrico, um artista etc.), ou mesmo "à frente" dela (um visionário).

113

Luz branca

Tomemos o caso de Jesus — ou de São Paulo, Maomé e de uma infinidade de outros profetas. Um psiquiatra um tanto limitado diria que Jesus era esquizofrênico, porque tinha visões e ouvia vozes; ou que era bipolar ou maníaco-depressivo porque alternava episódios de exaltação e períodos de abatimento. Então, caberá achar que Jesus era um psicótico? A questão parece pertinente principalmente porque suas ideias e ações lhe valeram um fim pouco desejável, o que corresponde ao segundo critério de definição da loucura.

Na minha humilde opinião, seria melhor abandonar essas concepções estreitas e redutoras, e ver em Jesus um grande espírito muito à frente de seu tempo e talvez de todos os tempos. Quanto às pessoas que "atravessam a morte", estas voltam às vezes com crenças que as tornam mais fortes. Disso eu não concluiria por certo que é lícito acreditar em qualquer balela, desde que ela nos dê ilusão de força. Mas deixar de ser aterrorizado pela morte já é algo apreciável! Essas experiências, no mínimo pelo recurso que oferecem contra a angústia, já merecem ser estudadas. Para um cientista, aliás, elas constituem os únicos dados disponíveis sobre uma realidade fundamental e difícil de discernir.

Num plano mais íntimo e mais modesto, posso dizer que, na etapa desconfortável em que me encontro hoje, esses testemunhos me parecem mais preciosos que nunca. Aceito sua inevitável dimensão misteriosa ou "mística". Em compensação, nelas não encontro nenhum argumento a favor deste ou daquele dogma religioso.

No fundo, o que essas ideias têm de tão satisfatório para mim é que oferecem uma visão da morte compatível com minha profunda e eterna necessidade "relacional". Estar ligado a pessoas sempre foi de importância capital para o meu modo

Podemos dizer adeus mais de uma vez

de ser. Quando fiquei sem isso, mesmo que transitoriamente, mergulhei rapidamente na tristeza e senti que minha energia vital evaporava. A morte, se for vista como um rompimento de todas as relações, para mim se torna uma visão de pesadelo: ao perder a vida, eu perderia todo e qualquer elo com o húmus que me alimenta, estaria condenado à solidão absoluta... Também não ignoro a suposição de que os mortos não sentem nada. Mas a ideia da escuridão deserta e isenta de amor me petrifica.

Ao contrário, a perspectiva de me reunir ao conjunto das almas humanas e animais num universo banhado de luz, intercâmbio e amor tem tudo para me deixar feliz. Evidentemente, nada prova que as visões que ocorrem nesse tipo de experiência sejam reflexo de uma "realidade" qualquer. Pode muito bem ocorrer que nada mais sejam senão a atividade alucinada de um punhado de neurônios anarquizados pelo coquetel químico do óbito. Mas, no ponto em que estou, prefiro imaginar que minha morte se parecerá com o famoso túnel que desemboca na luz branca. Seria maravilhoso ser acolhido pelas ondas luminosas de amor e por todas as pessoas que tanto amei e que morreram antes de mim, meu pai, minha avó e aquele avô que eu adorava.

Do amor

Desde que o braço e a perna do lado esquerdo ficaram paralisados, e os sintomas não parecem querer ceder, eu me digo que o câncer pode acelerar a qualquer momento. Portanto, está na hora de fazer um balanço da minha vida. O que fiz de bom e de menos bom? No que tive sucesso, no que fracassei?

O campo em que tive menos sucesso, devo confessar, foi o do amor. Por alguma razão misteriosa, não soube amar as mulheres como gostaria de ter amado. É como se eu tivesse ficado tempo demais na superfície — nem sempre, de todo modo. É um de meus maiores pesares.

Quando eu era muito jovem, tinha a cabeça cheia de ideias imbecis sobre o assunto. Para mim, amor era coisa que o homem impunha à mulher, pois ela era por essência recalcitrante. O único modo de agir era subjugá-la. Uma história de amor era em primeiro lugar uma história de conquista, depois uma história de ocupação. Pura relação de força, na qual o homem tinha interesse em se manter na posição dominante. Nem pensar em "deixar-se levar", mesmo depois de ela se render. Como a dominação era ilegítima, ele devia "vigiar" constantemente sua conquista, devia mantê-la sob sua influência, se quisesse evitar que ela se rebelasse. Impossível imaginar uma relação harmoniosa, uma relação baseada na troca ou numa igualdade qualquer dos parceiros.

Do amor

Ainda me pergunto de onde me vinham aquelas ideias idiotas que deterioraram minhas histórias de amor até por volta dos meus 30 anos. Com aquela concepção imperialista na cabeça, eu me esforçava por me comportar como potência ocupante. Minha busca amorosa se resumia à procura de um território para conquistar. Resultado: eu amava, às vezes loucamente, mas não era amado. Ou melhor, mesmo quando era amado — isso às vezes acontecia —, eu não me autorizava a me sentir amado. Porque nesse caso precisaria depor as armas e concordar em deixar de ser o mandachuva.

As histórias que vivi naquela época de grande imbecilidade me deixaram um tremendo gosto de frustração. Por exemplo, eu tinha a íntima convicção de que as mulheres são feitas de tal modo que não se interessam absolutamente pelo amor físico. Mas não havia só o sexo. Achava que elas na realidade não se interessam por nada. Que só medianamente sentem gosto por sair para passear, assistir a um filme ou jantar num restaurante simpático. Quanto a mim, ao contrário, era capaz de sentir verdadeiro prazer em sair para namorar, jantar fora...

Está claro que alguma mulher podia ficar felicíssima em compartilhar essas coisas comigo e até ter muita vontade de fazer amor. Mas eu mantinha o rumo imperialista inflexivelmente. Nem pensar em me deixar comover, muito menos influenciar.

Que tristeza ter perdido tanto tempo e tantas oportunidades de felicidade! Vinte anos depois, ainda resta alguma coisa: minha mulher muitas vezes se queixa de que eu não sei me deixar amar... Felizmente, acabei me desvencilhando daquelas ideias grotescas. Por volta dos 30 anos, dei um salto quântico que me projetou a anos-luz, num universo encantado em que

Podemos dizer adeus mais de uma vez

as mulheres são dotadas de inteligência e conseguem compartilhar comigo uma infinidade de interesses comuns. Parei de medir a mulher amada com o padrão de um modelo ideal pelo qual ela só podia sair perdendo. Entendi que o melhor, em amor e em tudo, é inimigo do bom, e que a procura da perfeição é danosa.

Finalmente fui capaz de viver verdadeiras histórias de amor com mulheres que eram iguais a mim, humana e intelectualmente. Consegui abandonar o frustrante papel de "tutor". Aprendi que há muito mais prazer em dar e receber do que em dominar ou impor-se pela sedução. Em suma, eu me tornei bastante aceitável em amor. Se bem que ainda me resta a impressão de às vezes estar perdido num território desconhecido cujos pontos de referência não conheço bem e cujos sinais nem sempre sei decifrar direito.

A descoberta metafísica do que pode ser uma relação amorosa mais autêntica trouxe-me uma recompensa inesperada: por incrível que pareça, o espírito de igualdade no casal estendeu-se à minha relação com os meus pacientes. Comecei a ter com eles não digo uma relação de amor, mas em todo caso uma ligação afetiva e baseada no respeito. Que descoberta extraordinária para o médico jovem e arrogante que eu era! Já não precisava me obrigar a uma atitude de controle ou dominação. A relação podia ocorrer em mão dupla, e eu podia me enriquecer com toda a humanidade de meus pacientes...

Essa transmutação ocorreu paralelamente às tremendas provações pelas quais passei quando o tumor foi diagnosticado. Descobrir-me frágil, mortal, sofrendo e apavorado foi algo que me abriu os olhos para o infinito tesouro da vida e do amor. Todas as minhas prioridades foram subvertidas, até a tonalidade emocional da minha existência. O fato é que me

Do amor

senti muito mais feliz depois do que antes, o que, de qualquer modo, é inesperado.

Senti também uma espécie de nascimento espiritual. Eu, que era o cientista típico, racionalista e ateu, fiquei de algum modo "em estado de graça". A provação me aproximara de Deus e tinha se tornado tão crucial para mim, que, quando eu fazia os exercícios de meditação, me surpreendia tentando falar com Deus, comunicar-me com ele. Pedia-lhe que me mantivesse naquele estado extraordinário de felicidade e abertura. Agradecia pela graça que a doença me trouxera. E prometia que utilizaria aquela luz para ajudar os outros na medida de meus meios.

Vivi aquela vida que se tornara incandescente e depois, inexplicavelmente, a perdi. Mais tarde, alguns místicos com quem discuti o assunto disseram que esse é um fenômeno bem comum: encontrar "a graça" e perdê-la. Alguns dedicam o resto da vida tentando reencontrá-la...

Sou feliz por ter conhecido essa maravilha, mesmo que por pouco tempo. Quando penso no modo como minha vida foi transfigurada por ela, desejo que todos possam um dia conhecer essa experiência — de preferência sem operar o cérebro. No fundo, é o objetivo da psicoterapia, e é isso o que ela realiza quando "funciona". As pessoas que foram ajudadas por métodos eficazes como o EMDR (terapia baseada nos movimentos dos olhos), nas TCC (terapias cognitivo-comportamentais) ou na meditação, vivenciam algo da ordem de uma manifestação repentina, de um renascimento. Estou convencido também de que esse objetivo pode ser igualmente atingido quando se adota um modo de vida respeitoso da ecologia global (a da natureza e a das relações humanas), modo de vida que chamo de "anticâncer". Expressei esse desejo no fim de

Podemos dizer adeus mais de uma vez

meu livro: se evitarmos tudo o que estraga a vida e, ao contrário, favorecermos tudo o que a alimenta, poderemos desenvolver os maravilhosos recursos ocultos no fundo de nós. Teremos um olhar novo para o que nos cerca: a natureza, nossos filhos, nosso trabalho. Descobriremos nossa capacidade de dar com generosidade e de receber com gratidão. Tudo isso, que é fundamental, não está reservado só para as pessoas afetadas pelo câncer ou por outras doenças graves.

Interações vitais

Há uns vinte anos, na época em que eu fazia pesquisas em neurociências, estudei muito as estruturas neuronais. Ficava impressionado com o fato de a fascinante e vasta rede de conexões que chamamos de cérebro ser composta por células que, tomadas individualmente, não são muito "inteligentes" nem muito "competentes". Mas, assim que interagem, dão origem às faculdades mentais mais brilhantes, como a percepção, a inteligência, a criatividade, a memória etc. Esses fenômenos, que qualificamos de "emergentes" porque ultrapassam infinitamente as capacidades das entidades das quais se originaram, são na realidade fruto de ações e retroações que estão constantemente ocorrendo entre todos os neurônios.

Compreendi depois que o corpo inteiro também funciona segundo esse modelo de rede: o fígado interage a todo instante com os rins, que interagem com a tensão arterial, com a qualidade do sangue, a produção de urina, os coquetéis de hormônios etc. Assim como os sistemas de neurônios, o organismo também produz propriedades emergentes. E, tal como no cérebro, essas propriedades constituem uma espécie de "inteligência", a "inteligência do corpo" que estamos mais acostumados a designar com o nome de "saúde".

O que mais é a saúde, senão a resultante do funcionamento harmonioso e equilibrado de todos os sistemas que

Interações vitais

constituem o organismo? Quando esse funcionamento é perturbado, não adianta nada ficar teimando com o órgão que parece estar fraquejando, fígado, sangue, coração etc. É preciso procurar restabelecer o equilíbrio do conjunto.

Toda a sabedoria das medicinas ancestrais, quer se trate da ayurvédica, da chinesa ou da tibetana, consistiu em compreender que tratar é restabelecer o equilíbrio do corpo, e não focalizar um "problema" em particular. Foi essa visão, chamada de "holística", que me inspirou quando criei em Pittsburgh um dos primeiros centros de medicina integrativa onde eram propostas abordagens clássicas e complementares simultaneamente. Estou convencido de que as tradições antigas têm muito para nos ensinar. Seria extremamente útil estudá-las, fazer uma espécie de "triagem" e integrar algumas de suas práticas ao nosso conjunto de terapias.

Se começássemos a adotar um ponto de vista mais sistêmico em nossa própria medicina, já seria um passo à frente. Por exemplo, diante de uma articulação dolorida, se tentássemos tratar não aquela articulação, mas o problema mais global de artrite que afeta o organismo. Sem dúvida, às vezes é útil intervir num ponto específico, como o apêndice, quando sua disfunção põe em perigo todo o organismo. O imenso feito da medicina moderna, que sou o primeiro a aplaudir, foi ter descoberto métodos eficazes em situações de crise como o infarto ou a pneumonia. Mas não se pode compreender nem preservar a saúde com base no modelo estreito desta ou daquela intervenção. A saúde só pode ser concebida na escala do organismo, ou mesmo na da natureza, pois a verdade é que tudo está interligado.

Estou muito feliz por ver que os médicos com que mais tenho contato atualmente, os oncologistas, começam a se abrir

Podemos dizer adeus mais de uma vez

para uma visão mais sistêmica de sua profissão. Deixaram de se concentrar exclusivamente no "tumor". Progressivamente, estão adotando a noção mais rica de "terreno" e interessam-se agora pela nutrição, pela atividade física, pela dimensão psicológica... Essa atitude nada tem de mística nem de esotérica; é simplesmente holística.

Se tomarmos o exemplo clássico dos antibióticos que matam todas as bactérias, as boas tanto quanto as "ruins", veremos que eles desequilibram a flora intestinal e provocam diarreias. A visão holística consiste em prescrever, paralelamente, bactérias para preservar a flora intestinal, e felizmente um bom número de médicos já faz isso. Essas tendências atingirão gradualmente a quimioterapia, a radioterapia e até mesmo a cirurgia. Já existe todo um leque de preparações cujo resultado é diminuir os sangramentos, atenuar as dores pós-operatórias etc. É inadmissível não as pôr em prática nos hospitais.

Em nível mais geral, estou convencido de que a medicina atingiu o limite de um modelo baseado na busca do "medicamento milagroso". Existem algumas doenças que podemos tratar muito bem com um único medicamento: a insulina, por exemplo, para o diabetes. É um tratamento magnífico que certamente não se deve descartar. Mas não há como encontrar "o" medicamento que resolva problemas cada vez mais sistêmicos, como a obesidade, o câncer ou a hipertensão arterial. Pode-se ter esperança de reduzir a tensão arterial com o medicamento, mas o problema de fundo não será tratado desse modo. Não se poderá encontrar "a" molécula contra a doença das artérias coronárias, pois essa afecção compromete o conjunto das artérias: nenhum medicamento pode "limpá-las" todas. Em compensação, está comprovado que trinta minutos de bicicleta

Interações vitais

ergométrica, cinco vezes por semana, são mais eficazes para isso do que a colocação de um *stent*!

Na realidade, os dois tipos de abordagem são úteis e — estou convicto — perfeitamente complementares. O paciente infartado não vai ser posto em cima de uma bicicleta. Nele é feita imediatamente uma ponte de safena que lhe salvará a vida. Mas, nos meses e nos anos seguintes à crise cardíaca, é melhor que ele use a bicicleta, caso contrário haverá uma nova oclusão!

O principal obstáculo ao desenvolvimento dessa medicina integrada é que ela não oferece nenhuma oportunidade de ganhar muito dinheiro. Quando um laboratório farmacêutico descobre um medicamento ou fabrica um *stent*, ganha a sorte grande: a patente vai render somas fabulosas. Mas, se alguém descobre que, friccionando certo ponto de acupuntura, pode-se reduzir em 30% a necessidade de anti-inflamatórios, esse princípio, que não seria patenteável, não pode alimentar uma indústria. Só os serviços públicos de saúde poderiam investir nisso, mas, por motivos difíceis de entender, não é o que ocorre.

Meus amigos americanos invejam os franceses pela proteção social que temos. Imaginam que, por questões econômicas, os serviços públicos de saúde são abertos a abordagens inteligentes. Eu também acreditava nisso. Achava que a Seguridade Social francesa estaria interessada em estudos totalmente fundamentados que estabelecessem a eficácia de intervenções como a acupuntura ou o ioga em certas afecções. Por exemplo, está demonstrado que dois pontos de acupuntura reduzem em 60% a necessidade de morfina depois de uma operação. Como tratei frequentemente de idosos em fase pós-operatória, não tenho dúvida alguma do interesse em reduzir as doses, pois os

Podemos dizer adeus mais de uma vez

idosos, sob a ação da morfina, ficam confusos, têm pesadelos e alucinações. Caem da cama à noite e fraturam o colo do fêmur. E acabam morrendo no hospital. Seja qual for o ponto de vista pelo qual vejamos o assunto — humano, médico ou econômico —, a única coisa racional que se pode fazer é prescrever essa acupuntura. Tragicamente, isso não é feito. Por quê? A única explicação que posso encontrar é que isso não dá dinheiro a ninguém.

Mesmo assim tive a ingenuidade de sugerir a responsáveis pela Seguridade Social francesa a destinação de pequena porcentagem de seu orçamento à exploração de novos caminhos, que podem redundar em economias substanciais. Caí das nuvens. Os administradores com quem consegui falar — pessoas inteligentes e dedicadas, aliás — estavam tão obcecados pela ideia de limitar gastos, que pareciam incapazes de entender o interesse de investir um mínimo para encontrar meios de economizar...

Através da saúde, percebe-se que tocamos cada vez mais toda uma série de questões candentes, que constituem o problema de fundo de nossa época. Isso foi muito bem resumido por meu amigo Michael Lerner: "Não se pode viver com saúde num planeta doente." É aí que a saúde se une à ecologia global. Foi até constituída uma disciplina para essa interface: a ecomedicina, cujo fundador mundial é precisamente Michael Lerner. Ela se preocupa com os problemas de saúde pública ligados ao telefone celular, aos pesticidas, aos fertilizantes, às radiações (cuja importância foi possível perceber com o drama de Fukushima, no Japão), mas também à água potável ou à indústria agroalimentar.

Foi, aliás, do lado agroalimentar que nasceu um movimento inesperado e extremamente animador de questiona-

Interações vitais

mento de velhos esquemas. Falo do papel recentemente desempenhado pelos movimentos de consumidores e da conscientização de que os alimentos que nos vendem envenenam. Foi possível observar, aliás, um belo fenômeno de rede: o interesse dos consumidores desencadeou o da imprensa, que, por sua vez, aumentou a conscientização. Resultado: grupos franceses, como Casino, Carrefour e Monoprix, foram obrigados a aderir, e por toda parte são montadas gôndolas para produtos orgânicos e criadas linhas de produtos naturais. Esse exemplo representa uma grande esperança em mudanças profundas no sistema agrícola inteiro. Cada vez mais agricultores percebem que devem passar ao orgânico, não só para o bem de suas terras ou de sua própria saúde, mas também por razões econômicas, já que a agricultura orgânica possibilita aumentar um pouco os rendimentos de seu trabalho. Não é sem tempo. Pensemos, por exemplo, nos vinhedos. Sabiam que o vinho contém mil vezes a dose de pesticida tolerada na água potável, por causa da história de lutar contra a filoxera?* Essa talvez seja uma lógica industrial compreensível, mas em nível de saúde pública a coisa é simplesmente maluca. Ora, há soluções: existe vinho orgânico, e aposto que os amantes de vinho não suportarão por muito tempo a absorção de um caldo de pesticidas a pretexto de beber uma boa safra.

Quanto a nosso modo de tratar os animais de que nos alimentamos, é ao mesmo tempo delirante e ignominioso. Depois que fiquei sabendo, por exemplo, como são criados os frangos em granjas, me tornei incapaz de comê-los. A cons-

---

* Inseto que provoca uma doença nas videiras. (N. da T.)

Podemos dizer adeus mais de uma vez

cientização está se ampliando e avança rapidamente, e tenho a convicção de que a indústria agroalimentar deverá em breve questionar seu sistema destruidor do meio ambiente e da saúde pública.

Só para citar um exemplo, pode-se falar dos pesticidas e dos fertilizantes. Seu uso em grande escala provoca a destruição dos solos e a contaminação de nossos alimentos. Além disso, quando são lavados pelas chuvas, poluem os rios e o mar, induzindo fenômenos perigosos, como a proliferação das algas verdes e a mudança de sexo de certos anfíbios e peixes. Quando chegam às nossas mesas, contribuem drasticamente para o aumento dos cânceres.

A ecologia ensina que toda forma de vida é expressão de trocas dentro de uma rede. A própria terra funciona como uma rede na qual tudo interage com quase tudo, permanentemente. Também aí essas interações geram propriedades emergentes que constituem a "inteligência da terra". É essa inteligência que arruinamos quando violamos deliberadamente os equilíbrios naturais. Felizmente, estamos tomando consciência dessas coisas, e, na minha opinião, a compreensão dos mecanismos de funcionamento em rede é o principal progresso dos trinta ou quarenta últimos anos.

Uma comissão do INSERM* reconheceu: é considerável a responsabilidade de fatores ambientais na atual epidemia de cânceres. Esses fatores vão desde a poluição atmosférica até as radiações, passando pelo espectro infinito de moléculas químicas presentes em torno de nós. É a raiz do problema que deveríamos atacar: acabar com o envenena-

---

* INSERM – *Institut National de la Santé et de la Recherche Médicale* – Instituto Nacional da Saúde e da Pesquisa Médica. (N. da T.)

Interações vitais

mento do meio ambiente e reformar a indústria agroalimentar. Em vez disso, 97% de nosso esforço de pesquisa está voltado para os métodos de tratamento e detecção... Estou entre os que acreditam que nossa saúde está intrinsecamente ligada à saúde de nosso meio ambiente. Devemos curar nosso planeta para nos curarmos.

A carícia do vento

Na coluna de créditos do meu balanço, eu lançaria minha atividade profissional. Acho que trabalhei bem, talvez um pouco demais, em vista das consequências, mas não me arrependo de ter me dedicado de corpo e alma. Aprendi coisas apaixonantes que depois usei bem, contribuindo para o "bem comum". Tenho a impressão de que fui útil, o que, a meu ver, dá muito sentido ao que vivi.

Meu oncologista conta que vários pacientes vão à consulta quase todos os dias com o livro *Anticâncer* na mão e discutem como podem dar "sua" contribuição na luta contra o tumor. Esses pacientes, que até então estavam paralisados pelo desânimo, dizem de repente: "Na verdade, há coisas que eu posso fazer para ajudar o senhor a me ajudar." O comportamento deles muda: aplicam os tratamentos com mais disciplina, coragem e vontade. Meu oncologista fica feliz por ver esses pacientes fugirem ao abatimento, cujo efeito negativo sobre os prognósticos de cura e sobrevida agora é conhecido. Não tenho palavras para descrever a satisfação que sinto diante da ideia de ter devolvido nem que seja um pouco de confiança e esperança a esses doentes — meus irmãos — na tormenta.

Nada me comove mais do que os leitores que vêm me pedir autógrafo depois de uma conferência e dizem: "Graças ao senhor, voltei a ter esperança e comecei a lutar de verdade.

O senhor me fez compreender que eu posso fazer alguma coisa por mim mesmo." Todas as vezes fico muitíssimo comovido e feliz, tenho a impressão de que lhes dei um presente precioso: a revelação de que existe uma fonte de força em cada um. Em meus autógrafos, falo muitas vezes dessa fonte que eles têm dentro de si. Se pensarem nisso, já estarão meio "salvos". Mesmo que o tumor não desapareça ou que o tratamento malogre, o fato de terem assumido papel ativo em seu próprio destino basta para os "reconciliar" no fundo de si mesmos.

Segundo Marshall Rosenberg, grande gênio inventor da comunicação não violenta, a principal fonte de sentido da vida é contribuir para o bem-estar dos que nos cercam. Isso é verdade para todos os homens e provavelmente também para os animais. Vemos isso, por exemplo, no âmbito profissional. Estudos mostram que o que torna as pessoas orgulhosas de seu trabalho não é tanto o salário ou a posição hierárquica. É a convicção de que os produtos que fabricam ou os serviços que prestam contribuem para o bem-estar dos outros. Por isso algumas profissões têm um índice de satisfação superior ao de outras. Essa satisfação, aliás, não é exclusividade dos que têm emprego: todas as relações humanas são oportunidades de ouro para se dar a própria contribuição para a felicidade de outrem.

Nesse sentido, a família é um lugar excepcional. Contribuir para o bem-estar do cônjuge é maravilhoso. Contribuir para o dos filhos é propriamente uma felicidade. Nada dá mais sentido à nossa existência. Meus filhos fazem parte dos mais belos feitos da minha vida.

No entanto, quando penso em Charlie e Anna, que são tão pequenos, sinto grande tristeza. Eu, que falo o tempo todo em "contribuir", receio não conseguir dar minha contribuição a esses seres encantadores, que mais precisam dela. Espero pelo

Podemos dizer adeus mais de uma vez

menos deixar-lhes uma imagem que os ajude quando crescerem. Imagino as mensagens de vídeo que vou gravar para eles, diante da minha *webcam*, e as cartas que lhes escreverei. Vou falar das minhas expectativas para eles, do que já vejo neles. Da fonte de seu entusiasmo. Direi como estou triste por não estar presente na vida deles. E também da minha convicção de que eles têm em si mesmos o que é preciso para crescerem na minha ausência: a lembrança, mesmo que tênue, mesmo que indireta, que terão de mim e, sobretudo, a força da mãe.

Evidentemente, enquanto eu conservar a esperança de cura, adiarei o projeto. Não tenho pressa. Mas já estão na minha cabeça as palavras que lhes destino. Chegando a hora certa, espero estar suficientemente em forma para gravar essas mensagens. Aliás, é um bom exercício, mesmo quando tudo vai bem: saber o que diríamos a nossos filhos caso fôssemos morrer amanhã.

Com Sacha, tive a sorte de tratar diretamente do assunto. O fato de ele morar longe há muito tempo é causa de sofrimento para mim. Quando nos vimos no Natal, eu lhe sugeri que voltasse a morar na França com a mãe. Disse-lhe que não sabia ainda quanto tempo estaria por aqui. Que eu queria passar esses meses perto dele. Ele me olhou e caiu no choro: "Sabe, papai, é tão difícil ter o pai doente..."

Choramos juntos. Era duro, mas era possível falar. E, para os dois, aquele momento foi ao mesmo tempo comovente e muito "útil" por nos ter permitido expressar nosso sofrimento um para o outro. Sei que Sacha agora anda muito triste. Toda vez que ouço sua voz ao telefone, que vejo seu rosto na tela, fico impressionado com a sua tristeza. Mas quero crer que aquele momento de emoção compartilhada lhe será agradável quando ele procurar me reencontrar em suas recordações.

A carícia do vento

Ocorre-me o devaneio de que, ao crescerem, meus filhos se sentirão envolvidos por um fino véu protetor, como se uma força benfazeja flutuasse sobre eles. Como se, ao ir embora, eu tivesse deixado para eles algo de mim, uma parte imaterial que não pode ser vista, ouvida nem tocada... Mas que pode ser sentida como uma força de amor incondicional sempre pronta para sustentá-los, animá-los, impulsioná-los.

Ocorre-me até imaginar que essa parte de mim será dotada de consciência e que conseguirá, de uma maneira ou de outra, apoiar os que amo em seu luto. Seria maravilhoso poder insuflar em meus filhos força, coragem e desejo de contribuir para a felicidade geral, quando forem adultos. Depois disso, eu passaria totalmente "para o outro lado", com o coração em paz.

Sei que a imagem de meus avós e de meu pai continua viva em mim. É uma verdade psicológica bem conhecida: quando perdemos um ente querido, uma pessoa amada, alguma coisa do que eles nos deram continua a viver em nós e a nos inspirar. Nossos mortos vivem em nosso coração. É a forma de "imortalidade" mais consoladora, aquela à que mais me apego.

Gosto daquela frase extraída de uma carta enviada à mulher por um homem na hora de partir para a guerra civil americana. Ele tinha poucas chances de voltar. "Se eu não voltar fisicamente", escreve ele, "não se esqueça de que, toda vez que sentir a brisa em seu rosto, serei eu, voltando para beijá-la". Essa intuição eu gostaria de compartilhar com minha mulher e meus filhos. Que, no momento em que sentirem a carícia do vento no rosto, pensem: "Olha, é o papai que veio me beijar."

Epílogo

Meu irmão David faleceu apenas oito semanas após ter terminado de escrever este livro. A forma com que encarou a morte é uma lição para a vida inteira. Treze meses se passaram entre o diagnóstico de seu tumor e o seu falecimento no dia 24 de julho de 2011. Ao longo desse tempo, David lutou contra a doença como um touro em uma arena: com imensa coragem e lucidez quanto às chances de vencer a batalha — as quais ele sabia serem estatisticamente nulas — e com humildade e muita gana de viver ao enfrentar seu prognóstico.

Quando o tumor voltou depois de meses de procedimentos da mais avançada tecnologia e dolorosos tratamentos pós-operatórios, ele sabia — todos nós sabíamos — que lhe restava muito pouco tempo de vida. Então ele abraçou a máxima provação da vida: a de morrer bem. Enxergou isso como seu desafio final, para que pudesse se sentir fortalecido em vez de impotente. Escolheu explorar intensamente as possibilidades que esse estranho período de sua vida, que sabia ser o último, lhe ofereceu.

Conforme crescia em seu cérebro, o câncer invadiu seu córtex motor, paralisando cada um de seus membros, confundindo sua visão, reduzindo sua voz a um mero sussurro e diminuindo sua habilidade de concentração a cada vez menos

Epílogo

horas por dia. David dedicou toda a força física e mental que lhe sobrara para escrever este último livro, na esperança de que sua experiência pudesse ajudar os outros.

O fato de este livro existir já é em si um milagre. Foi fisgado das garras da doença no último minuto. É o livro mais pessoal de David, que ficou profundamente emocionado com a resposta entusiasmada dos leitores. Já com poucas forças, apenas dias antes de morrer, ele ergueu a lista de mais vendidos na França até os olhos e viu seu livro lá, em primeiro lugar. Teve a sensação de ter resistido ao câncer da forma mais significativa. Não permitiu que a doença o impedisse de ser útil, de ajudar a aliviar o sofrimento de outras pessoas.

Até o fim, David manteve sua alma de médico, de curandeiro.

Nós, que tivemos o privilégio de cuidar dele, de acompanhá-lo nessa provação terrível, costumávamos ter a sensação de que era ele quem cuidava de nós. Nossa falta de jeito era recebida com uma paciência sem fim; com seu olhar de gratidão, ele dissipava qualquer constrangimento causado pela extrema dependência física que tinha de nós. Ele cuidou de nossas almas.

Eu me lembro dele, poucos dias antes do fim, deitado no leito do hospital, sem poder falar e quase completamente paralisado. A essa altura agonizante, suas maneiras de se comunicar se reduziam a alguns movimentos da mão direita e às sobrancelhas largas acima de seus olhos profundamente azuis. Quando coloquei minha mão sobre a dele, tentando tranquilizá-lo e transferir-lhe um pouco da minha força, ele me surpreendeu, um instante mais tarde, ao olhar diretamente para mim, tirar sua mão e usá-la para cobrir a minha. Compreendi então que ele queria *me* tranquilizar e *me* assegurar de que tudo estaria bem!

Podemos dizer adeus mais de uma vez

Em um momento deste livro, David se questiona com franqueza sobre suas reservas de coragem e pede-nos que o perdoemos caso ele trema à beira da morte. Quero que saibam que ele não tremeu em momento algum. Ele partiu em paz, escutando as músicas que havia selecionado para esse propósito; deu o passo para o além ao som do 2º movimento do 23º concerto para piano de Mozart, executado por Daniel Barenboim.

David não temia a morte. Ele acreditava que ela o transportaria a um reino de amor, através do famoso túnel de luz frequentemente citado por aqueles que tiveram uma experiência de quase morte.

Que assim seja, irmão.

Você, por sua vez, nos deu um exemplo extraordinário daquilo que poderíamos chamar de "uma experiência de morte bem-sucedida". Um presente de despedida precioso para levarmos em nossos corações, para que de tempos em tempos possamos extrair dele parte da força necessária para enfrentar a vida.

EMILE SERVAN-SCHREIBER
Paris, 27 de Julho de 2011

Conheça mais sobre nossos livros e autores no site
www.objetiva.com.br
Disque-Objetiva: (21) 2233-1388

markgraph

Rua Aguiar Moreira, 386 - Bonsucesso
Tel.: (21) 3868-5802   Fax: (21) 2270-9656
e-mail: markgraph@domain.com.br
Rio de Janeiro - RJ